もっと アタマがどんどん元気になる!!

脳の強化書2

Training menu of 41

医学博士／「脳の学校」代表
加藤俊徳
Kato Toshinori

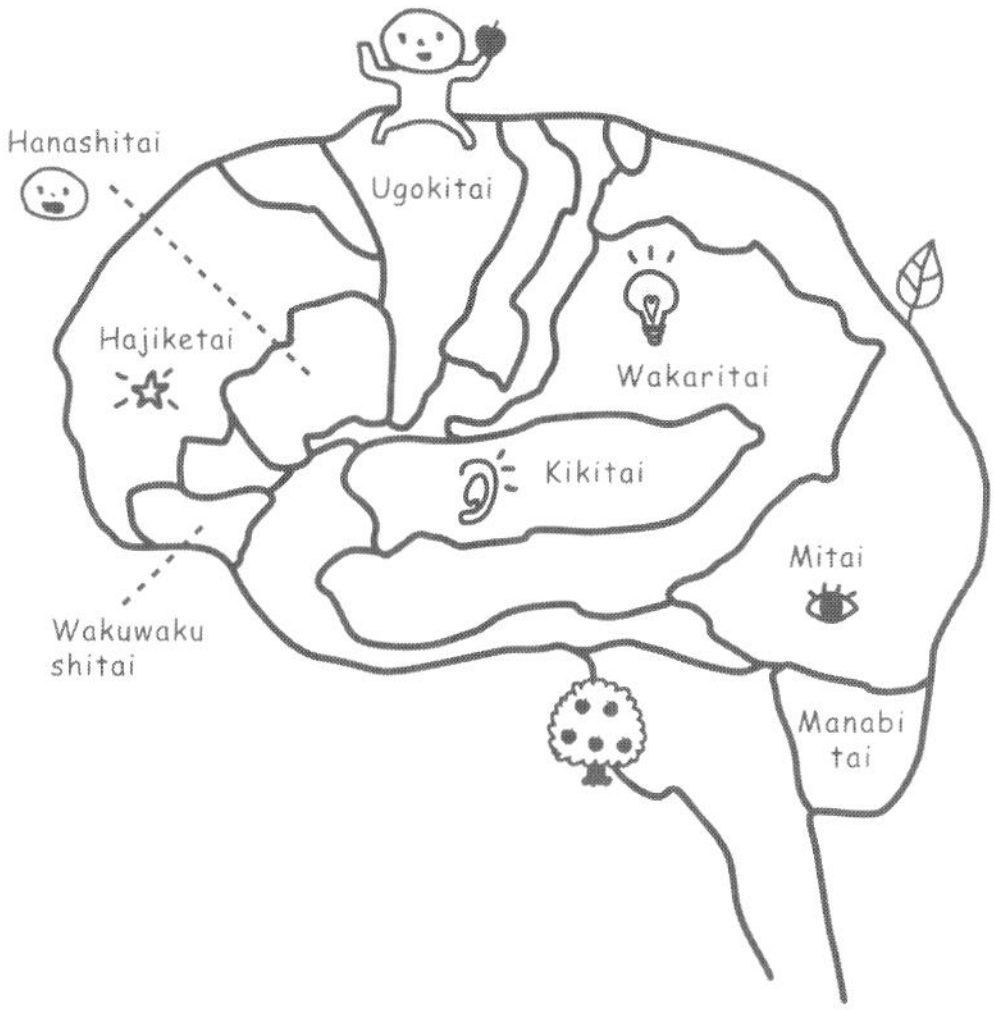

あさ出版

筋肉を鍛えるのと同じように、脳をトレーニングすることはできるのだろうか――。

これは、私が14歳のときに抱いた疑問です。

私はこの疑問を解明するために医学部で学び、その後、脳の研究をスタートさせました。

脳の世界は思っていた以上に奥深く、魅力的で、この「不思議な臓器」の謎を明らかにしたいという思いは、年を経るごとに強くなっていきました。

結局、研究は25年以上に続いていますが、そのなかで到達した〝真理〟があります。

それは、「脳は死ぬまで成長し続ける」という事実です。

しかも、脳は、前方が思考、下方が記憶というように、場所によって司る機能が異なるのですが、その部位ごとに鍛えることができるのです（このトレーニングについては、前作『脳の強化書』で詳しく述べましたので、興味がある方はそちらをご覧ください）。

ところで、脳について深く知れば知るほど、私の中に別の疑問がわいてきました。

それについて語るには、まず、祖父の死について触れなければなりません。

祖父は2006年に永眠しました。

最期を迎えるまで、私は傍らでその様子を見守る機会があったのですが、そのとき〝あること〟に気がついたのです。


祖父は85歳で引退した漁師でしたが、あるとき海が荒れてつないでいた船が流されてしまったことから、それ以来、ずっと神社へのお参りを欠かしませんでした。

また、時代劇や相撲が好きで、テレビでそういったお気に入りの番組を観ることを楽しみにしていました。

ところが、いつからか、そうした行動をピタリとやめてしまったのです。

なぜ、祖父は、大好きなお参りやテレビ鑑賞をやめてしまったのか？

今となっては、よくわかりません。

ただひとつハッキリしているのは、好きなことをやめてから、確実に元気がなくなっていったということです。

なぜ、祖父は元気がなくなってしまったのか？

私はこれまで、ＭＲＩという装置を使って、いろいろな人の脳を鑑定し、どのような特徴があるのかを探ってきました。

その数は、１万人以上になります。

対象年齢は、胎児から１００歳超のお年寄りまで幅広く、また、職業もカーレーサーから落語家、プロ棋士、人気アイドルにいたるまで、さまざまな人を鑑定してきました。

彼・彼女らは、その人独自の脳の使い方によって、人とまったく異なる形で脳を成長させていました。

人の脳は、ひとつとして同じものはありません。

人によって生き方が違うように、脳の使い方も１人ひとり異なります。

その成長の差異を研究するのは、とてもエキサイティングな試みでした。

そこで、あるとき、こんなことを考えたのです。

脳を成長させる、根源的な〝エネルギー〟とは何だろうか……と。


ここで、話を祖父のエピソードに戻します。

祖父が元気をなくしてしまったのは、なぜか？

当時の私にはハッキリとした答えが出ませんでしたが、今ならその理由がわかります。

「お参りをしたい」「テレビを観たい」といった気持ちが消えてから、祖父の外の世界に対する興味や関心は少しずつ薄れていきました。

つまり、祖父の元気がなくなったのは、「欲求の欠乏」が原因だったのです。

「欲求」というと、「欲望」を連想させるのか、後ろめたいもの、触れてはいけないものとして、拒絶反応を示す人もいます。

確かに、欲求は取り扱いがむずかしいものです。

欲求のおもむくままに動けば、日常生活に支障をきたすこともあるでしょうし、人間関係を壊したり、信用を失ったりすることだってあるでしょう。

また、法律や規則を破ってしまうこともあるかもしれません。

それくらい、やっかいで、面倒で、危険なものです。

それなら、欲求のことは、できるだけ考えず、見ないようにすべきでしょうか。

欲求は、人にとって必要のないものでしょうか？

いいえ。

少なくとも、脳科学的な観点から言えば、そんなことはありません。

むしろ欲求は、扱い方さえ間違えなければ、脳をイキイキと活性化させ、機能を高めてくれる、素晴らしいものなのです。

私はよく、脳のしくみと働きをテーマにした講演をするのですが、そこで驚くことがあります。

かなりご高齢の参加者が、

「先生、私は今度、フラダンスを始めるんです！」

「来月、友だちを誘ってパリに旅行に行こうと思っているんですよ！」

そんなふうに、楽しそうに話してくれるのです。

ある方は、ずっと頼まれて区の仕事を続けてきたけど、そろそろ引退しようかなと思っていた矢先に、私の講演を聞き、「もう少し続けてみよう」と思われたそうです。

94歳の女性の方でした。

どの方も、豊かな表情で、イキイキとされています。

このように、「欲求」を持ち続ければ、人はいつまでも元気で、しなやかで、枯れない人生を送ることができるのです。

一方、「欲求」を捨ててしまった人は、その瞬間から急速に減退のスパイラルに入っていきます。

さて、あなたはどちらですか？

本書では、日々の生活の中で欲求をしぼませないように、また、欲求をうまくコントロールできるように、皆さんに正しい欲求とのつきあい方を提案したいと考えています。

本書を読まれた皆さんが、正しい欲求の見つけ方・育て方を知り、脳を元気に輝かせてくれたら、こんなにうれしいことはありません。

医師／「脳の学校」代表　加藤俊徳

Chapter 1

あなたの脳を動かしているモノとは？

Chapter 2

自分の「欲求」、見失っていませんか？

Chapter 3

「やりたい！」「したい！」を暴走させない

Chapter 4

「欲求」を正しく育てよう

Chapter 5

欲求発見トレーニング

Chapter 6

コミュニケーション系欲求育成トレーニング

Chapter 7

感覚系欲求育成トレーニング

Chapter 8

感情系欲求育成トレーニング

Chapter 9

右脳・左脳交流トレーニング

本文イラスト／ほりたみわ

Chapter 1

あなたの脳を動かしているモノとは?

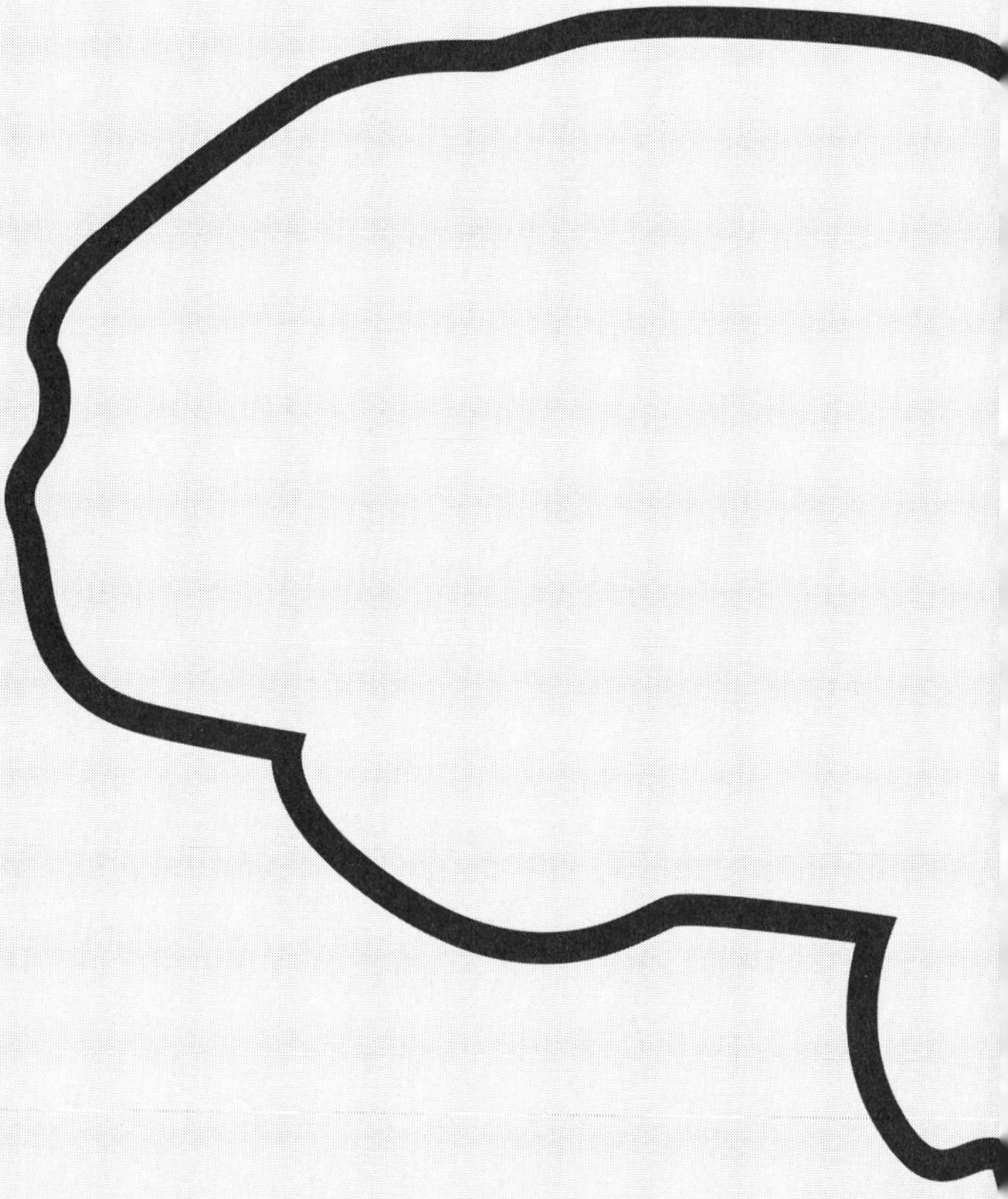

私たちはどんな欲求を抱えているの？

◆人間の欲求はミステリアス

人の脳は、イキイキとした〝欲求〟で満ちている――。

1万人以上の脳の画像を分析した結果、私はそんな確信を持ちました。

私たちの脳は、欲求を持ち続けることで、いつまでも元気に活動することができます。

ところで、そもそも「欲求」とは何でしょう？

「○○がしたい」「××をやりたい」と、心の底からわきあがってくるエネルギー……。

専門的な定義はさておき、こんなふうに表現すれば、何となく実体に近くなるかもしれません。このエネルギーは、人の行動や思考を変化させるほどの強さを秘めています。

では、その欲求の正体は何なのか、いろいろな角度から考えてみましょう。

人間の欲求のうち、最もよく知られているのは、いわゆる「3大欲求」と呼ばれるもの。

・食欲
・睡眠欲
・性欲（生殖欲求）

これらは人が生きていくために不可欠な欲求で、脳のほぼ中央にある視床下部（↓41ページ）という場所でコントロールされています。

もちろん、人間の欲求はこれだけではありません。

よく聞くのは、たとえば次のようなものでしょう。

・名誉欲（賞賛・評価されたい）
・自己顕示欲（自分の存在をアピールしたい）
・独占欲（ひとり占めしたい）
・承認欲求（能力を認めてもらいたい）
・金銭欲（より多くの金銭を手に入れたい）
・支配欲（人やものを自分の勢力下に置きたい）

他に日常会話で使われる一般的なものとしては、「物欲」や「収集欲」があります。

物欲は、バッグやクルマ、パソコンなど、ほしいものを手に入れたいという欲求。

収集欲は、何かを集めたいという欲求です。切手やミニカー、骨董品《こっとうひん》まで、お気に入りのものをコレクションしている人は多いでしょう。

また、最近、若者が強く求めているると話題となっているのが、承認欲求。

「誰かに認めてもらいたい！」という欲求で、これが満たされないと、自分自身に自信が持てなくなります。

他にも破壊欲（何かを壊したい）、恭順欲（強い人に従いたい）、遊戯欲（娯楽などを楽しみたい）、養護欲（他者を守り、助けてあげたい）などもあり、その種類はさまざまです。

さらに不可思議なのは、追い詰められた人が〝自殺したい〟という欲求を持つこと。

脳は本来、「どうすれば生き残れるか」という基本原則にもとづいて活動しています。

しかし、「死にたい」という欲求は、これとは真逆の考え方。

ここまで来ると、人間の持つ欲求が一筋縄ではいかないものだと実感します。

このように、種類もレベルもさまざまな欲求ですが、脳科学の観点から見ると、どんなことが見えてくるでしょうか。

収集欲
ニヤニヤ
もぐもぐ
全部アタシのだからね！
独占欲
エー
自己顕示欲

◆新しい欲求・古い欲求

「欲求」には、2つの方向性があります。

ひとつは、過去に経験して満足したことを、もう一度経験したいという欲求。

もうひとつは、今まで経験したことのない、未知の経験をしたいという欲求。

脳は快楽を求めますから、過去の記憶を覚えていて、「あのときと同じ心地良さをまた味わいたい」と望み、一方で、「まったく新しい刺激を受けたい」と望みます。

人間は、繰り返し経験していると、それがどんなに心地良いことでも慣れてしまいますから、同時に新しい刺激を追求するのでしょう。

ちなみに、この2種類の欲求は脳に異なる刺激を与えます。

「新しい経験をしたい」という欲求の場合、脳はその経験を記憶として刻み、定着させようとします。一方、「もう一度あの経験をしたい」という欲求では、膨大なデータベースの中から過去の経験を引っ張り出そうとするのです。

つまり、同じ欲求でも、それが新しいことを望む欲求なのか、一度経験したことを繰り返したい欲求なのかで、脳の刺激される場所も違ってくるというわけです。

未知の経験をしてみたい
過去に満足したことをもう一度経験したい
ゲフ
ムフ
ムフ

◆良い欲求・悪い欲求

欲求は、「良い欲求」と「悪い欲求」という2つに分けることもできます。

何をもって「良い」「悪い」と判断するかは評価の分かれるところなので、この本ではあえてその線引きはしません。ただ、言えるのは、欲求の中には「仕事で成功したい」「人の役に立ちたい」というように、達成することによってより充実した人生が送れる（社会や他人のためになる）欲求もあれば、自分や他人の人生を破滅に追いやったり、一歩間違えると法律に触れたりするような欲求もある、ということです。

もっとも、欲求にはそれ自体に色がついているわけではありません。

その善し悪しを判断して実行するのは、脳の前方にある「前頭葉」という部分です。前頭葉は、脳の中でも思考や創造など高度な機能を司《つかさど》っている部分で、「脳の司令塔」と呼ばれている、重要なパーツです。

私が過去に経験した事例で、こんなケースがありました。

ある子どもが交通事故に遭い、脳に損傷を受けました。

ダメージを受けたのは、右側の前頭葉です。

しばらくして無事に回復したかのように見えたのですが、子どもの行動に〝ある変化〟が起きます。店の売場から商品を勝手に持ってくるようになってしまったのです。

この子どもは、事故前には、万引きなど一度もしたことがありませんでした。

似たような事例は他にも報告されており、このことから、前頭葉が道徳的な善悪を判断し、実行に移しているのではないか、と考えられています。

ちなみに、「やってはいけない欲求」は、脳に強いストレスを与えます。

「悪いことをしたい」という欲求には、抗いがたい魅力があります。

でも、それを実際にやる人はほとんどいません。なぜなら、「すべきではない」という強いブレーキ（理性）が働くからです。

にもかかわらず、「やる！」という決断をする場合、脳の自然な働きを強く抑えつけることになり、それが脳にとっては大きな負担になるのです。

◆したい欲求・したくない欲求

欲求というと、「○○したい」という積極的・能動的なものだと思われがちですが、必ずしもそうとは限りません。

人には「○○したくない」という消極的・受動的な欲求もあります。

皆さんも、「勉強したくない」「仕事したくない」「掃除したくない」などと思うことは、よくあるでしょう。これは「『したくない』をしたい」という逆向きの欲求なのです。

では、この「したくない欲求」は、なぜ生まれるのでしょうか。

ひとつ目は、その行為をすることで、過去に自分の欲求が満たされなかった記憶がよみがえってくるために起きる、拒否反応。これには脳の海馬《かいば》や扁桃体《へんとうたい》が関係しています。

海馬は脳の中心部から3センチほど外側、ちょうど目尻の奥の左脳と右脳にあり、記憶の整理を担当している部分。扁桃体は海馬の隣にあり、五感から得た情報から、「快・不快」「好き・嫌い」を判断します。

過去に苦痛や不快を感じて、扁桃体が「イヤだ！」と感じた記憶が海馬を通じて呼び出され、「やりたくない」と思うわけです。

「やりたくない欲求」が生まれる2つ目の理由は、それが自分の脳の未熟なパーツ、未発達なパーツを使うことになるから。

結婚式のスピーチを頼まれて、「イヤだなー」と思うのは、言語を使ったり、感情を表現したりする脳が開発されていないために、脳が「スピーチなんて、普段あまり使っていない部分を動かすことになるから面倒だなァ」と考えるわけです。

「やりたくない欲求」を強く感じたら、それはこの2つのうち、どちらの原因が関係しているのかを見つめ直してみるといいでしょう。そうすることによって「やりたくない」自分との向き合い方がわかると思います。

不快
扁桃体
海馬
これは
アカン
記憶ファイル
フルマラソン？
ダメダメダメ!!!
海馬
扁桃体

「欲求」はどのように脳を進化させてきたのか？

◆欲求には5つの段階がある

ここまで、さまざまな「欲求」を分類してきました。では、次に、欲求はどのように進化していくのか、欲求が脳をどのように進化させてきたのか、見ていきましょう。

私たちの欲求には「段階」があり、それは5つに分類されると唱えた人がいました。アメリカの心理学者、アブラハム・マズローです（マズローの欲求段階説）。

マズローは、人の欲求は5つの段階に分けられ（左図）、ある欲求が満たされると、さらに上のレベルの欲求が追求される……と規定しました。

ピラミッド図の最下層は、最も低いレベルの欲求「生理的欲求」で、先ほど挙げた人間の3大欲求（食欲、睡眠欲、性欲）がこれにあたります。

そして、人は、生理的欲求が満たされると、生命を脅かされずに生きる欲求（安全の欲求）の満足を求め、次に集団に帰属したい欲求（所属と愛情の欲求）、他人から認められ

欲求には段階がある（マズローの欲求段階説）

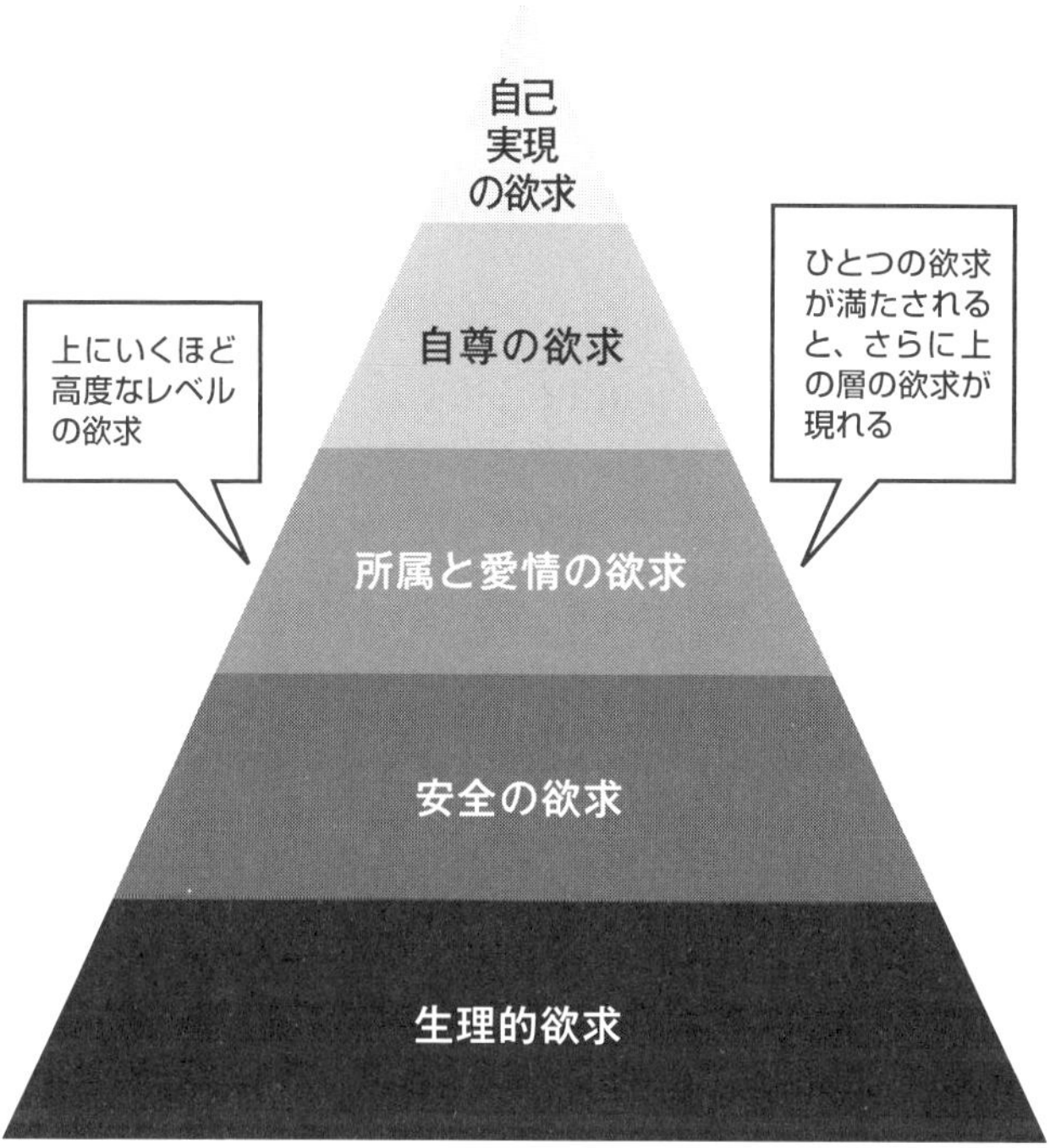

たい欲求（自尊の欲求）、最後に、自分の能力を発揮したい欲求（自己実現の欲求）の満足を求めるようになる……。

マズローは、こんなふうに主張しました。

◆脳の進化をたどろう

これは、脳の進化から見ても、ある程度正しいと言えるかもしれません。

ここでちょっと、私たちの脳の歩みについて解説しましょう。

私たちの祖先は、厳しい自然環境に適応するために進化してきました。この進化の歴史は、そのまま脳の進化の歴史であると言えます。

脳の一番奥にある「脳幹」は、呼吸や血圧など人間が生きていくために必要な機能を司っています。いわば、人間の生命維持装置です。

この脳幹の上には、感情や記憶、行動、学習に関わっている部分があります。

それが「視床・大脳辺縁系」。先ほど触れた食欲、性欲、睡眠欲という3大欲求が生まれるのは、この視床・大脳辺縁系です。

もしも、人間の脳がここで進化を止めていたら、私たちは動物と同じ生き方をしていたでしょう。

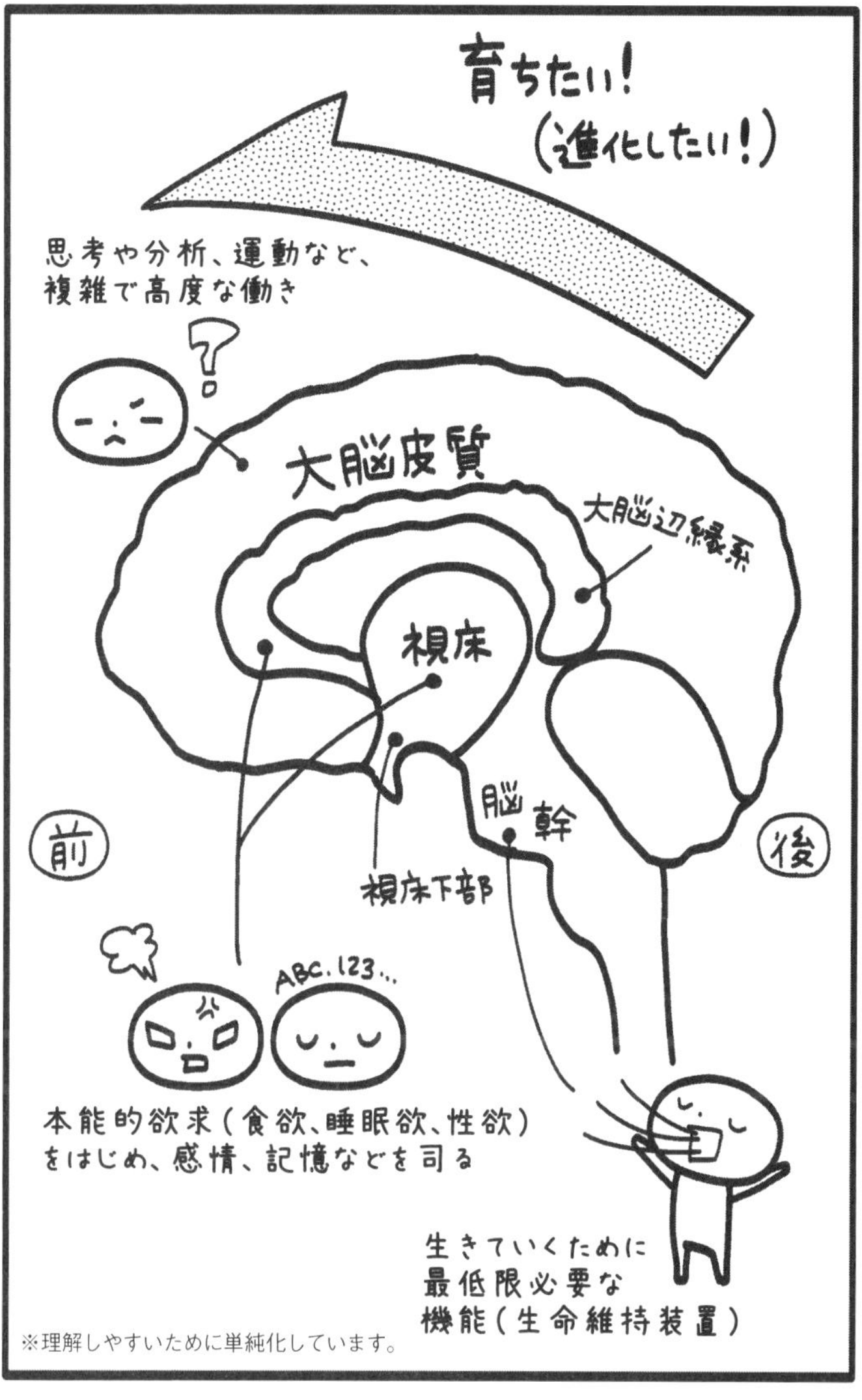

※理解しやすいために単純化しています。

ところが、生きるための環境が整い、外敵や自然を気にしなくてよくなると、私たちの祖先は「生き残る」ことから一歩進んで、「より良く生きる」ことを求めるようになります。この「より良く生きる」という欲求が、私たちの脳に大きな変化をもたらします。

それが〝新しい脳〟と言われる「大脳皮質」の誕生です。

大脳皮質は、先ほどの視床・大脳辺縁系をスッポリ覆うような形になっていて、思考や運動など複雑で高度な機能をコントロールしています。

そのため、この場所が機能しないと、私たちは人間らしい生活を送ることができません。

この大脳皮質を備えていることが、人間の脳の特徴だと言ってもいいでしょう。

脳の適応力を最大限に発揮してきた結果が、大脳皮質の進化であり、脳内ネットワークの複雑化なのです。

◆前にせり出してきた脳

脳全体を横から見ると、生命を維持するための脳幹は中心より後ろにあり、その脳幹の上部に視床・大脳辺縁系が位置しています。

そして先に述べたように、大脳皮質はこれらを覆うようにして前にせり出しています。

このことは、何を意味しているでしょうか？

私たちの脳は、脳幹から視床・大脳辺縁系、大脳皮質と、外側に向かって層を積み重ねることで進化してきました。現在、大脳皮質が脳幹より前方にあるということは、脳が前に向かって進化してきた証拠でもあるのです。それはまるで、脳の「育ちたい！」という欲求が、その目的を遂げようとしてグイグイ前進してきたかのようです。

◆50代を過ぎて成長ピークを迎える超前頭野

このように進化してきた私たちの脳には、「超脳野《ちょうのうや》」と呼ばれる場所があります。

超脳野は「超前頭野《ちょうぜんとうや》」「超側頭野《ちょうそくとうや》」「超頭頂野《ちょうとうちょうや》」の3つで、名前が示す通り、それぞれ頭の前方、側面、頂上部に位置しています。そして、これらは脳の中でもとくに複雑な情報処理を担当している、〝超エリート脳細胞集団〟なのです。

ちなみに、超頭頂野は、動物の脳には存在しません。また、超前頭野、超側頭野は、他の動物にも備わっているものの、人間に比べると発達がかなり乏しいです。

超脳野には、もうひとつの特徴があります。

私は、前著『脳の強化書』をはじめ、いろいろなところで「脳は死ぬまで成長し続ける」と主張してきましたが、この3つの「超脳野」は、どれも30代以降によく伸びることがわかっています。

記憶や理解に関係する超側頭野の成長ピークは30代。

五感で得た情報を分析・理解する超頭頂野の成長ピークは40代。

そして、実行力や判断力を司る超前頭野が成長するのは、50代を過ぎてからです。

とくに注目されているのが超前頭野です。

脳は、年をとると場所によっては萎縮《いしゅく》してしまいます。ところが超前頭野は、85歳以上の高齢者でも、元気な人にはあまり萎縮が見られないことがわかりました。それだけ大きな成長の可能性を秘めた部分なのです。

さらに、これまでの研究で、超前頭野が活発に働く人は、ストレスに強い耐性があることを突き止めました。このことは何を意味しているでしょうか？

ストレスとは外部から与えられるものですが、耐性がない人は、わずかなストレスを受けただけでもダメージを受けてしまいます。

しかし、耐性がある人は、ストレスを押し返すことができます。

では、ストレスを「押し返す」ものとは何なのか？

そう、それが〝欲求〟なのです。

超前頭野では、欲求を強い意思で実行していく力を生み出しています。

だからこそ、私たちは、超前頭野を鍛え、欲求をたくましく育てる必要があるのです。

超前頭野の成長のピークは50代から

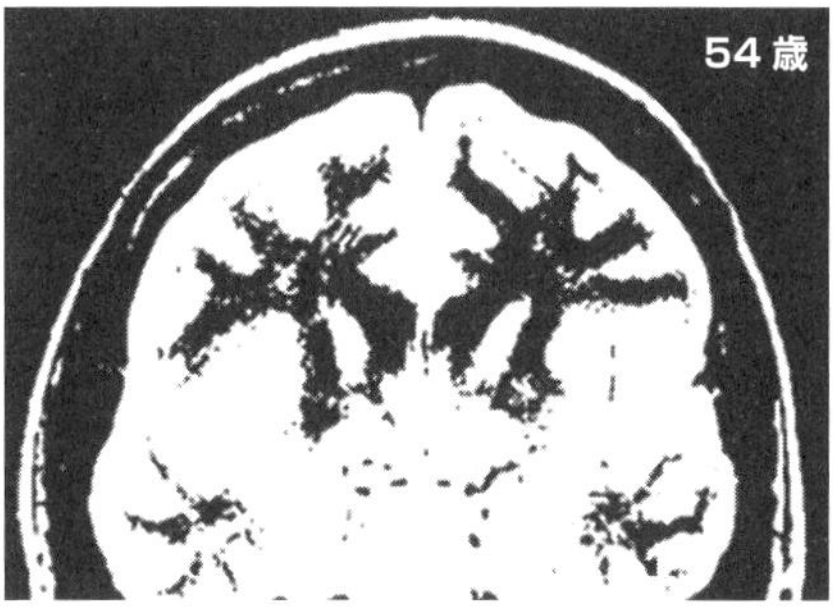

栄養士として働いていたときの脳画像

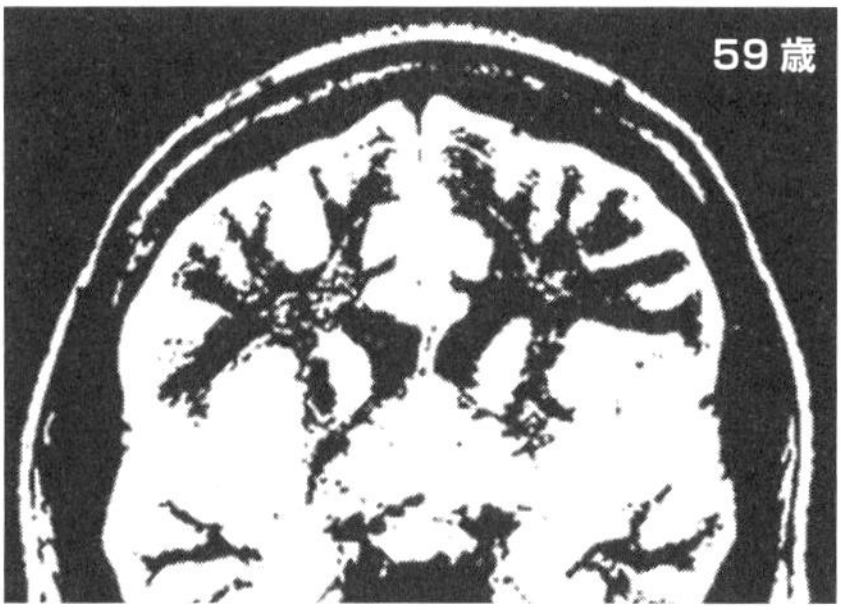

施設管理の担当者になってからの脳画像

栄養士として働いていた A さんは、あるとき、本来の仕事に加えて施設管理の仕事を任せられることになった。

上の写真は、A さんの脳を横方向にカットした断面図。脳の前方（写真上部）の枝ぶりが、59 歳になって豊かになっていることがわかる。

これは、複数の事案の決定や的確な判断を求められる機会が増え、実行力や判断力を司る超前頭野が成長した結果だと考えられる。

欲求は脳のどこで生まれるのか?

◆欲求の発生地点がわかる「欲脳マップ」

先ほどご説明したように、欲求は「生き残る」ことから「より良く生きる」ことを目指して進化してきたわけですが、もちろん人間の基本的な欲求が、私たちの中から消えてしまったわけではありません。私たちの脳では、人間が本来持っている本能的な欲求と、高度で複雑な欲求が同居しているのです。

では、それらの欲求は、脳のどこで生まれているのでしょうか?

ここでは、欲求をもとに脳を地図化してみましょう。

41ページの図をご覧ください。これは、脳のどの部位がどんな欲求と関わっているのかをわかりやすく示したものです。

名づけて、「欲脳マップ」。

まず、脳の中心部、中央にあるのが①扁桃体(↓28ページ)です。

ここでは情動、感情がコントロールされます。

イライラしているときの怒りの欲求や、悲しいときの泣きたい欲求が生まれるのは、この部分です。

また、扁桃体は、前述したように「好き・嫌い」を判断する場所なので、

- 見たい／見たくない
- 聞きたい／聞きたくない
- さわりたい／さわりたくない
- 食べたい／食べたくない

といった欲求（したい欲求・したくない欲求）にも関係しています。

この扁桃体に接しているのが、②の海馬です。

海馬は、過去に経験した記憶を引き出すときや、新しく学び始めた事柄を頑張って覚えようとするときに働く場所です。

ですから、この海馬が生み出す欲求が鈍って低下してくると、過去のことがどうでもよくなったり、新しいことに挑戦しなくなったりするのです。

また、時間を意識するのも海馬の重要な働きです。

したがって、海馬の機能が低下すると、待ち合わせに遅れたりなかなか作業をやめられなかったりと、時間が守れなくなります。

だから、無気力な人や時間にルーズな人は、海馬が弱っているのかもしれません。
③は、脳の中心部にある「側坐核」。
ここは、報酬、快感、恐怖、嗜癖《しへき》に関わる場所です。

「嗜癖」とは、止めようと思っていてもどうしても止められず、ズルズル依存してしまう悪いクセ（タバコ、ギャンブル、アルコールなど）のこと。

「タバコを吸いたい！」

「ゲームがしたい！」

「宝くじで1等を当てたい！」

こうした欲求は、すべて側坐核で発生しているのです。
④の下垂体と⑤の視床下部で生まれるのは、人が生きていくのに欠かせない欲求です。
「水が飲みたい！」

「眠りたい！」

「Hなことがしたい！」

欲脳マップ……「〜したい」が生まれる場所

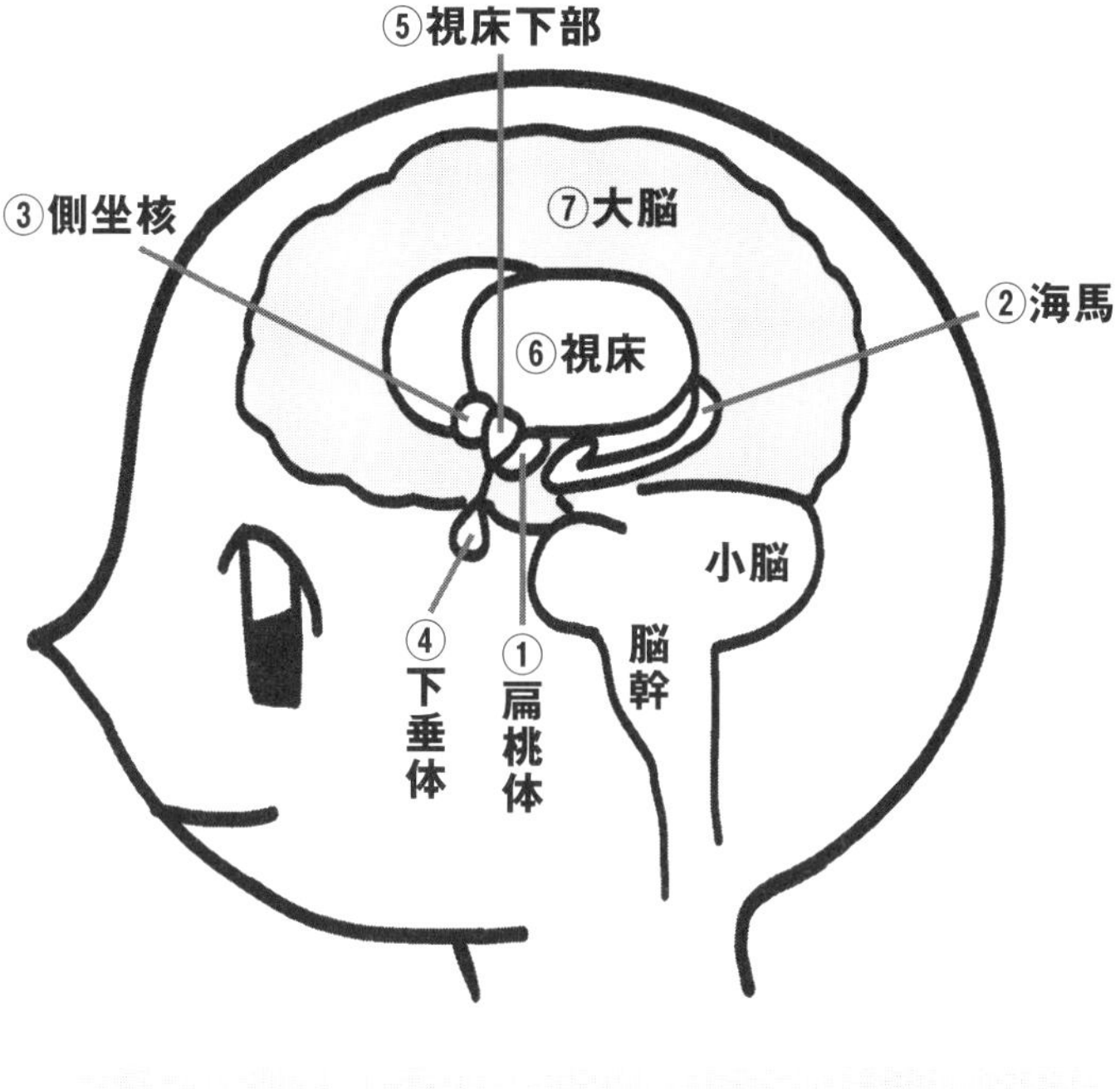

①扁桃体 ……怒りたい、泣きたい、笑いたい

②海馬 ……記憶したい、思い出したい

③側坐核 ……お酒が飲みたい、一発勝負がしたい

④下垂体
⑤視床下部 …食べたい、飲みたい、眠りたい

これらの欲求は、下垂体・視床下部が関わっています。

ちなみに下垂体は、人の体の機能をコントロールするさまざまなホルモンが分泌される場所。その種類と量が欲求にも大きな影響を及ぼします。

⑥の視床は、さまざまな情報の中継地点になっており、感覚もここで中継されます。視床は大脳と視床下部、大脳辺縁系と連絡して欲求の橋渡しをしているのです。

最後は、⑦大脳。

ここで発生するのは、より複雑で高度な欲求です。

「もっと評価してほしい！」

「自分の主張を、より多くの人に聞いてほしい！」

「社会の役に立ちたい！」

このように、「より良く生きる」ための欲求は、大脳で生まれているのです。

◆強い欲求は脳内物質が支えている

今度は、ちょっと違う角度から欲求を見てみましょう。

欲求は人を前向きにし、行動をうながす作用がありますが、この作用に関係しているのが、ドーパミン、ノルアドレナリン、セロトニンという3つの脳内物質です。

ドーパミンは、意欲、学習、行動の動機づけに関わっており、脳内で放出されると実行力や集中力が高まります。

要するに、「やる気」が出るのです。

逆に、不足すると喜びが少なくなり、疲れやすくなる、性欲が低下する、頭痛に悩まされる、といった症状が現れます。

2つ目の物質はノルアドレナリンです。

この物質が不足すると、意欲が低下し、恐怖感、不安感が引き起こされます。

ノルアドレナリンも、分泌されると意欲や活力がみなぎるため、やる気の源泉となる重要な脳内物質です。外部からの攻撃やストレスに対して闘争反応を示すので「怒りのホルモン」と呼ばれることもあります。

最後のセロトニンは、感情のコントロールや心のバランスを保つ物質です。

心の安らぎに関与するので、「幸せホルモン」と呼ばれることもあるセロトニンは、精神を安定させる作用があるので、他の2つのように直接やる気を上昇させるわけではありません。

しかし、この物質が不足すると、注意が散漫になり、衝動的になりやすくなります。

ときには、うつ状態になったり、無気力になったりするため、何かをしたいという欲求が極端に低下してしまうのです。

どの物質も十分な量が分泌されれば問題ないのですが、不足すると、意欲がわかなくなるどころか、精神的にひどく落ち込むことになります。

その状態が長く続けば、日常生活に影響を及ぼすことになるかもしれません。

「健全な欲求は、十分な脳内物質から」なのです。

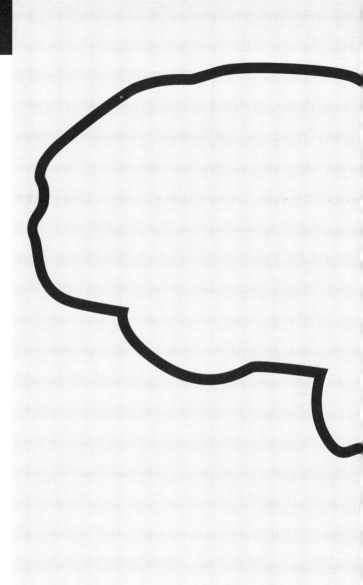

Chapter 2

自分の「欲求」、見失っていませんか?

私たちの欲求は“本物”なのか？

◆自由な「やりたい！」を許さない学校教育

チャプター1では、欲求をさまざまな角度から分析し、それが脳にどのような影響を与えるのかを探りました。

繰り返しますが、欲求を持つこと自体は悪いことではありません。それどころか、うまく利用すれば脳に新しい刺激を提供することができます。

ただし、ここで無視できない問題があります。それは、今の世の中では、「自分にとって何が本当の欲求なのか」を見つけにくくなっているということです。

どういうことでしょう？

たとえば私たちは、学校教育を通じて多くの知識を学びますが、それはどの生徒にも共通のカリキュラムにもとづいて行われます。いくら漢字を学びたいと思っても、それが数学の時間なら計算式を解かなければいけませんし、「絵を描きたい！」と思っても、歴史の授業中であれば、年号を覚えなければいけません。

「○○したい！」という強い欲求がどれほど強くても、まわりと同じ考え方・行動をするように仕向けられます。もちろん、1人ひとりがやりたいことを主張し始めれば、授業は成り立たないでしょう。でも、それは、少なくとも脳にとっては関係のないこと。

私たちの欲求が抑え込まれてしまうことに変わりはないのです。

◆欲求を抑え込む日本社会

学校教育だけではありません。そもそも日本の社会が、欲求を追求しにくい側面を持っています。たとえば、こんな経験はないでしょうか。

あなたは会社の同僚数人とファミレスに入り、ランチを食べることになりました。

同僚A「お腹空いたなあ。何頼む？」
同僚B「同じものを頼んだほうが早く出てくるよね？　私、サッパリしたものがいい」
同僚C「じゃあ、温野菜定食なんか、どう？」
一同「いいね！」
あなた「う、うん……。そうだね」

あなたはお腹が空いていたので、メニュー写真で肉汁がしたたっているステーキ定食を食べようと思っていました。

ところが、全員がサッパリしたものを注文しようという流れになったので、そこでひとりだけ違う料理をオーダーするのも気が引けて、同じものを頼みます。

このとき、あなたの脳内の欲求は満たされずに出口を失ってしまいました。

「いやいや、ランチくらい自分が食べたいものを食べますよ！」

という人もいるでしょうが、これはあくまでもひとつの例にすぎません。

まわりの空気に飲まれ、多数派に従う傾向のある日本人は、どうしても自分の気持ちに嘘をついて、欲求を抑圧しがちです。

また、個人の欲求を前面に出すと、それがたとえ正当な主張でも、「はしたない」「幼い」と思われてしまうのも、日本社会の特徴。こうした日本人特有の考え方も、私たちが欲求を抑え込む要因になっているとは考えられないでしょうか。

◆コンビニは欲求刺激スポット

一方、私たちの社会には、〝逆の状況〟もあります。

「欲求」を生み出すように、絶えず脳が刺激され続けているのです。

温野菜定食で!!
わ、わたしも…
ホントは食べたいのに…
ジュ――ッ

街を歩けば、興味をそそられる看板やディスプレイが目に入り、店に入れば、目移りするようなさまざまな商品がズラッと並んでいます。さらに、パソコンやスマホを開けば、見たい情報、知りたい情報に瞬時にアクセスできてしまう……。

私たちは、人類史上、最も欲求を刺激される生活を送っているのです。

身近なところで「欲求を刺激する場所」といえば、コンビニでしょう。

食べ物や飲み物だけではなく、化粧品や日用雑貨、そのときどきで流行している人気商品も手に入れることができる。

さらに、宅配便の発送や公共料金の支払い手続きもできるわけですから、日常生活で感じる欲求を手軽に満たすにはもってこいの場所です。

私も買いたいものがないのに何気なくコンビニに立ち寄ると、店内を1周するだけで、気になるものが次々に見つかってしまいます。それだけ、消費者の欲求に訴えかけるものがそろっているということなのでしょう。

かつて、研究のためにアメリカで生活をしていたことがありますが、帰国して強く実感したのは、日本における「もの（商品）の多さ」でした。

海外では、商品が豊富に店頭にあるという状況は、あまりありません。だから、見つからなければ身近なもので代用しなければならないのですが、日本の場合、「こんなものがあったらいいな」と漠然と考えているると、そうした商品が大抵存在するのです。

たとえば、以前、「背筋をシャンと伸ばせる器具みたいなものはないかな……」とぼんやり考えていたところ、近所の薬局に「背筋矯正《きょうせい》ベルト」なるものが売られていました。海外の国をもれなく見聞したわけでありませんが、こんなふうに、「あったら便利だな」というグッズが簡単に手に入るのは、日本くらいではないでしょうか。

このように、日常的に消費欲求を刺激されていれば、「○○がほしい」「××がしたい」「△△に行ってみたい」という欲求は、際限なく膨らんでいきます。

◆休みなく刺激される脳

では、この状況を脳はどのようにとらえているでしょうか。

情報量が圧倒的に増えて、脳は欲求を生み出すもの（こと）を次々にキャッチするようになりました。

もともと脳は刺激を求めているのですから、この環境自体は悪いものではありません。問題は、その刺激の〝受け方〟です。

スマホのような高性能の情報端末が生まれたことで、私たちはいつでも「見たいもの」や「知りたいこと」にアクセスできるようになりました。

これは、生活の質が向上したという意味ではいいことですが、脳の視点で見ると、必ずしもいいことばかりではありません。

なぜでしょうか？

常に刺激を受け続けて、脳が休めないからです。

よく「脳の力はどうすれば伸びるか？」ということが話題になりますし、私もこの質問にたくさん答えてきました。しかし、脳にとっては「力を伸ばす」のと同じくらい（あるいはそれ以上に）「休ませること」が大事なのです。

当然ですが、使い続けると、脳も疲れてきます。だから出せる力も徐々に低下していくのですが、それでも情報を与え続けるのは、脳に大きな負担を強いることになります。

脳を本当に休ませたいなら、五感を閉じて情報をシャットアウトするのが一番なのです。

◆それは本当にあなたの欲求？

実は、もうひとつ大きな問題があります。

それは〝本当の欲求〟が見えなくなる、ということ。

「これ、いいなあ」

「これもほしい！」

と、目の前に現れた情報1つひとつに反応していると、欲求に対する「感度」が鈍ってしまいます。

だから、もともと脳内にあった「本当の欲求」に気づくことができません。

これは、どういうことでしょうか？

欲求とは、そもそも自分がやりたいことを追求するものであり、その意味で自発的なものです。ところが、目先の情報から得た欲求をただ受け入れていると、自分がやりたかったことが後回しになり、見えなくなってしまいます。

そこで、改めて考えてみたいのです。

その欲求は、本当にあなた自身がしたかったことでしょうか？

「何言ってんの？　私の欲求なんだから、私のものに決まってるじゃん！」

確かに、その通りです。

でも、100％そうだと言い切れるでしょうか？

スーパーに行って、あなたはあるチョコレートを買いました。

そのチョコレートのCMには、あなたの好きなタレントが出演していて、気になっていました。もしも彼・彼女がCMに出ていなければ、あなたはそれほど関心を示さず、そのチョコレートを買わなかったかもしれません。

あるいはこんな例はどうでしょう？

最近、話題になっている映画があります。母と子の絆を描いた感動的なストーリーで、「絶対号泣する映画！」といったキャッチフレーズで、しつこいくらいテレビCMが流れています。

映画のことは、職場でも話題になりました。

「あれ、観た？」

「観た、観た！　すっごく泣いちゃった！　良かった〜」

まだ観ていないあなたは「絶対観たほうがいいよ」と、強くすすめられました。

その後も新聞の映画評、雑誌の広告、ネットの紹介記事を目にして、あなたはそこまで好きなジャンルではなかったのですが、週末に映画館に行ってみようかと考えます。

（本当は違う映画を観ようと思っていたんだけど……）

2つの例は、どちらも最終的にはあなたが選択した行動ですが、まわりの欲求にあなたが影響を受けたとは言えないでしょうか。

世の中の空気に、あなたの欲求が飲み込まれてしまったと言えないでしょうか。

こんなふうに、他人や社会の用意した欲求を、自分の欲求だと誤解してしまうことは、よくあることです。

もう一度考えてみてください。それは、あなた自身の欲求でしょうか？

あなたの脳は、本当に「それ」がしたかったのでしょうか？

◆なぜ売れ筋のものに飛びついてしまうのか

欲求は情報がなければ生まれません。情報が増えれば増えるほど、それに合わせてやりたいことや見たいもの、食べたいもの、行きたい場所が増えていきます。

つまり、情報と欲求は比例関係にあるのですが、今の時代は情報だけが多すぎて、両者のバランスが極端に悪くなっている気がしてなりません。

経験によって時間をかけて獲得した欲求より、経験を一切無視して、ダイレクトに脳に飛び込んできた情報に飛びついてしまうと、脳内の欲求の「バランス」がいびつになっていきます。

本来なら、本当に自分にとって必要な欲求、自分にとって心地良い欲求、自分の内面からわき起こる欲求を見極めなければいけないのですが、どうも私たちは、情報洪水の中でそうした欲求を追求する余裕をなくしているようです。

自分が何をしたいのか、よくわからない。

だから、評価の高いものや売れ筋のものに飛びついてしまう。

私たちは、たくさんの情報やものが簡単に手に入る、便利な社会に生きています。

でも、それは、裏を返せば「何も考えなくていい環境」だと言うこともできます。

何も考えないことほど、脳を衰えさせる行為はありません。

チャプター1で、欲求によって脳が進化してきたという事実をご紹介しましたが、そこからもわかるように、脳の中にはもともと「成長したい」という力が秘められています。

それなのに、考えることをやめてしまえば、その瞬間から、脳は成長を止めてしまうのです。

なぜ、こんなことになってしまったのでしょうか。

それは、私たちが欲求に正面から向き合うことを避けてきたからでしょう。

どんな人でも、子どもの頃は、

「あの人形がほしい」

「お菓子を買ってほしい」

「抱っこしてほしい」

と、真っすぐでピュアな欲求を持っています。

ところが成長するにつれて、本当の欲求を隠し、社会と折り合いをつけようとします。

そして、ときには社会の欲求に自分の欲求を同化させて満足してしまいます。

それでは、あなたの本当の欲求は満たされません。

私たちは、他人の欲求に影響されることなく、自分の脳が訴えてくる声だけに耳を傾けるべきなのです。

とくに注意が必要なのは、「今すぐ！」「もっと早く！」と耳元でささやく、偽物《にせもの》の欲求です。

自分が本心から望んでいない欲求に衝動的に身を任せれば、他人や自分を不幸にしてしまうでしょう。

本物の欲求は、ゆっくりと、静かに、さり気なくやってくるものです。

その欲求を、時間をかけて見つけ、育ててあげてください。

インターネットは私たちの欲求をどう変える？

◆インターネットは欲求を満たすおもちゃ箱!?

私たちは、欲求をいたずらに刺激する情報に囲まれて生きている、と書きました。

これを聞いて、すぐに連想するのはインターネットでしょう。

ネット通販では、「ほしい」ものがすぐに買えますし、「知りたい」ことがあれば検索をすれば一発でわかってしまう。掲示板で面白い発言をすれば賞賛コメントが寄せられ、性欲が高まってきたら、そんな画像を簡単に探すことだってできる……。

ネットには、誰かを叩いたり、だましたりする「負の面」もありますが、それも誰かを攻撃したいという欲求の表れ。いずれにせよ、インターネットには、私たちの欲求を満たすあらゆる要素が詰まっているのです。

そのインターネットには、脳への影響という点で無視できないことがいくつかあります。

では、インターネットは、私たちの脳にどんな影響を与えるのか？

ポイントを絞って解説していきましょう。

◆ポイント① 脳の使い方がアンバランスになる

突然ですが、脳の成長に欠かせないものって何でしょう？

酸素？　アミノ酸？

確かに、酸欠になると脳の動きは鈍くなりますし、アミノ酸は脳内の神経伝達物質※のもとになる物質です。

どちらも脳にとっては重要ですが、もうひとつ欠かせないものがあります。

何でしょうか？

答えは「情報」です。

情報とは、脳が五感から得るさまざまな刺激を意味します。

この情報が多ければ多いほど、脳はたくさんのインプットを獲得し、成長します。

では、インターネットからの情報については、どう考えればいいのでしょうか。

インターネットは、クリックひとつで知りたいことがわかる便利なものですが、半面、体の感覚を通じて獲得した情報は極端に少なくなります。

たとえば、あなたが人に会って話を聞くとしましょう。その際、相手の表情や声の調子、

※脳の神経細胞の間で情報をやりとりする物質

身ぶり手ぶりなど、言葉以上の情報を数多く受け取りますよね。

では、同じ情報をインターネットから入手する場合はどうでしょうか。

受け取るのは、おもに文字や画像、音声の情報でしょう。これは、人と実際に会って会話をするのと比べて、脳の限られた部分だけが使われている状況です。

脳には、何度も使うエリアは鍛えられ、使われないエリアは休眠状態になるという性質があります。ですから、長時間インターネットを使っていると、文字情報を処理する部分は強くなりますが、それ以外の部分はあまり刺激を受けません。

その結果、文字情報に敏感なアンテナは強化されますが、それ以外の情報を受け取るアンテナは弱まっていくのです。

「アンテナが弱まる」とは、どういうことでしょうか。

それは、目の前にある情報を、情報として認識しないということです。

たとえば、誰かと話していて表情が険しくなったら、相手の感情を読み取るアンテナが働いて、「あれ？　イヤな気持ちになったのかな」と認識できるでしょう。

しかし、このアンテナが弱まっていると、相手の表情の微妙な変化に気づくことができません。偏った分野のことだけに集中していると、脳の使い方がアンバランスになって、こうした弊害が起きてしまうのです。

刺激される
場所に偏りが
生じる
微妙な変化を
とらえる
能力が低下

◆ポイント② 欲求を無限に追求してしまう

2つ目のポイントは、インターネットの「しかけ」についてです。

ネットには、ユーザーの欲求を満たすために、さまざまなしかけが施されています。このしかけは巧妙なので、よく注意していないと気づきません。

たとえば、あるサイトで腕時計の情報をチェックした後、別のサイトに移動したら、なぜかその腕時計の広告が表示された……という経験はないでしょうか。

あるいは、ネット書店である本の情報を調べたら、次にそのサイトを開いたときに、似たような本が「おすすめ商品」として表示されたことはありませんか？

これは、個人の閲覧履歴を分析して、「これに興味があるなら、こっちにも興味があるだろう」と、自動的に情報がピックアップされているのです。

紹介された「おすすめ商品」は、興味のあるジャンルなので、どうしても気になる。

だから、「その先」が見たくなってクリックする。

ところが、クリックした先には、また「おすすめ」があって、さらにどんなものがあるのかリンク先をたどってしまう……。

こうして、結局、何度か目にした商品を買ってしまったという人も多いでしょう。

これは、欲求を刺激するしかけに見事にハマってしまった例です。

なぜ、このような罠《わな》にひっかかってしまうのでしょう?

一度サイトを見ると、その情報は脳に記憶されます。

そして、もう一度同じサイトを見ると、今度は2回目の情報が1回目のものと同じかどうか、脳内で確認させられます。

実はこの確認作業が、人の欲求を混乱させることになります。

記憶の確認を何度もすると、その記憶は体験記憶となり、定着します。

それは結果的に自分の「一部」となり、脳はその情報に親近感を覚えます。

脳には親密さを感じるものを選ぶ傾向がありますから、何度も見ている(見せられている)商品を選択しやすいのです。

このように考えると、「しかけ」の意味がよくわかっていただけるでしょう。

◆ポイント③ リセットができない

繰り返しますが、インターネットには、利用者の欲求を刺激するような「しかけ」があちこちに張りめぐらされています。

だから、クリックをやめられず、ネット中毒になる人が出てくるのです。

やめたい。でも、やめられない……。

この状態が続くと、どんなことが起きるでしょうか。

私たちは、何かにのめり込むと自分の欲求を満たすことが最優先になり、他のことはどうでもよくなります。食事だろうと寝る時間だろうと関係なく没頭してしまいます。

ここで問題になるのは「睡眠」です。

脳は本来、日が昇ったら活動を始め、落ちたら終了するという「自然のサイクル」に合わせて動いています。そして、睡眠によってリセットされるようにできています。

私たちが寝ている間、脳は昼間受け取った情報を整理し、区切りをつけているのです。

ところが、深夜までネットをやっていると、このリセットができません。

パソコンやスマホは、夜になったからといって自動的に電源が切れるわけではないので、自分でやめようとしない限り、脳をリセットすることができないのです。

この状況が進めば、ネットに依存する脳のクセが確立されてしまいます。

◆インターネットは「有害」なのか？

インターネットが脳に与える影響を、3つのポイントに絞って見てきました。

こう書くと、インターネットは脳にとって有害であるような印象を持たれるかもしれませんが、もちろんそんなことはありません。

コラー!!
まだ
寝るな〜!!
ビシィッ
休ませて!!

ここで挙げた悪い側面ばかりではありませんし、うまく使えば、インターネットは私たちの生活を豊かにしてくれる、便利な技術であることは間違いありません。

とくに障がいを持つ方々にとって、インターネットは外的世界とつながる貴重なチャンネルになっています。

ただ、「欲求」という側面に限れば、自分をきちんと持っていないと、負の面に取り込まれてしまう危険性があるのです。

ここで言う「自分」とは、先ほどから繰り返している「本当の欲求」と言い換えてもいいでしょう。

「本当の欲求」を自覚していないから、目の前の面白そうな情報に飛びつき、次の「何か」を追い求めてネットの世界を漂流することになるのです。

Chapter 3

「やりたい！」「したい！」を暴走させない

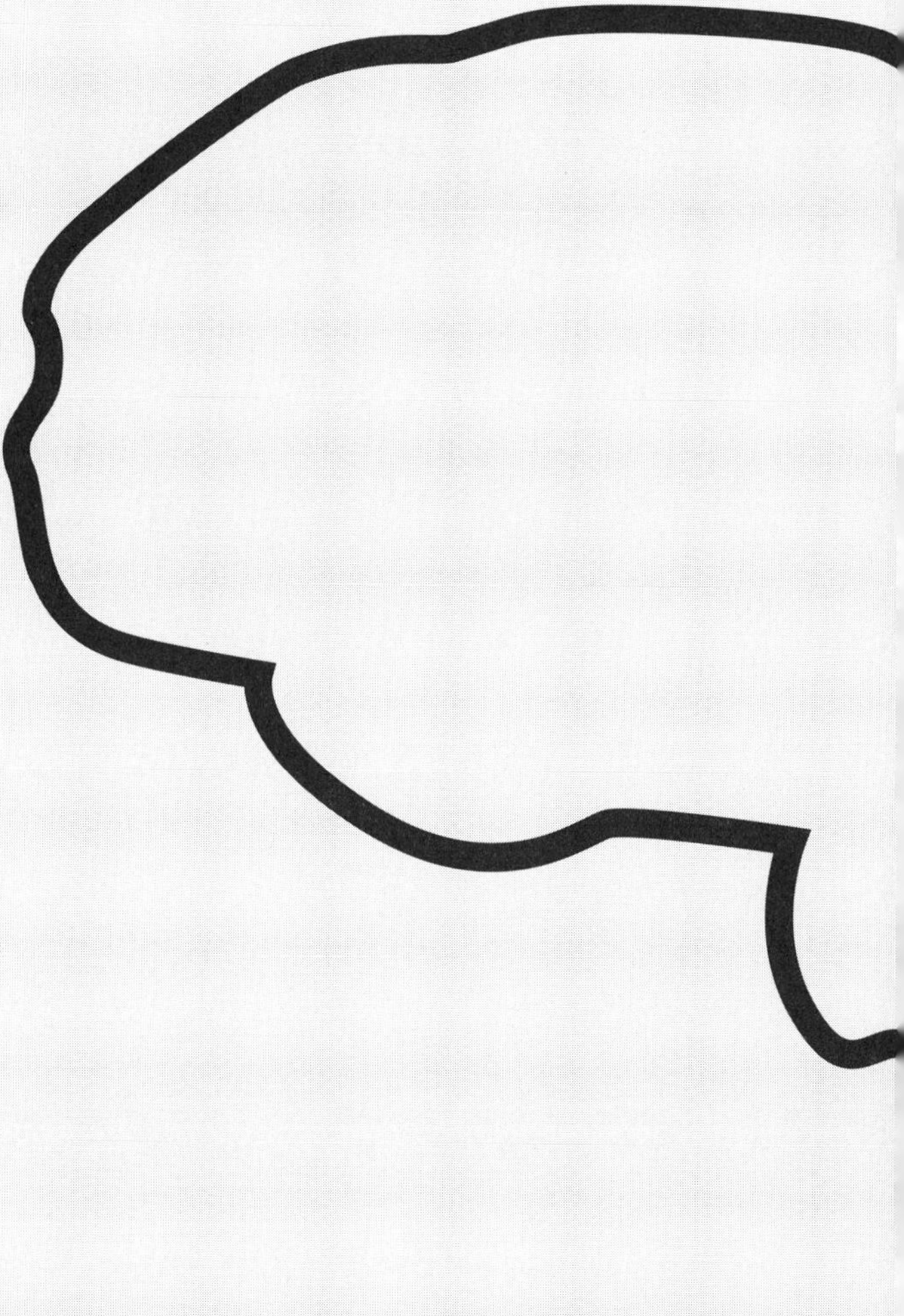

欲求がコントロールできなくなるのはなぜ？

◆欲求が秘めている大きなリスク

大切なのは、自分自身を見失わないこと――。

チャプター2では、そんな話をしました。

ここでもうひとつ、皆さんに知っていただきたいことがあります。

それは、欲求の持つ〝怖さ〟です。

欲求は、目的に向かって行動を起こすための大きなエネルギーになります。その意味では、私たちが生きていくのに必要な〝動力源〟だと言えるかもしれません。

でも、これは、あくまでもひとつの側面です。

欲求は、それが強ければ強いほど、私たちの日常生活を破壊する可能性も秘めています。つきあい方を間違えれば、財産、健康、信頼など、大事なものをアッという間になくしてしまうかもしれません。それほど、恐ろしい一面を持っているのです。

◆止められない欲求・止まらない行動

摂食障害という精神疾患があります。

思春期の女性に多く発症する病気で、実際には標準的な体型であっても、自分が「太りすぎている」と感じて、何も食べられなくなってしまう（拒食症）のです。

そうさせるのは、「痩《や》せたい」という激しい欲求。

この欲求が、食欲を上回ってしまうのです。だから、何も食べていなくても平気で、むしろ食べていないから太らないのだと安心してしまう。

この症状の反動として、過食症というものがあります。

やはり心理的な原因によって、手近なものを手当たり次第に食べるのですが、限界まで食べてしまうと、それを自分で吐いてしまうのです。

もちろん、食べている本人はそれではいけない、衝動的な行動をやめたいと考えているのですが、それでも食べることをやめられません。

これらは、脳の中枢ホルモンの分泌が異常になっていて、欲求が脳の中で「暴走」している状態なのです。

さらに、次のような症状も、欲求が暴走した例と言えるでしょう。

・お酒を飲んでいないと落ち着かない
・タバコを吸っていないとイライラする
・ゲームを始めるとやめられなくなってしまう
・毎日パチンコがしたくてたまらない

これらは、すべて依存症と言われるものです。

他にも、インターネット、買い物、甘いもの……など、依存してしまうものはさまざまですが、いずれも「○○がしたい」「××がほしい」という欲求が強くなりすぎると、次第に日常生活にまで影響が出てきてしまいます。

欲求のバランスが崩れているケースは、これだけではありません。

子どもの中には、自分が通りたい道でなければ絶対に通りたくないという強いこだわりを示す子がいます。その場合は、発達障害の可能性も考えられます。

まれに大人でも、このような強いこだわりを持つ人がいますが、これは欲求がいびつになっている典型的な例。

「強いこだわり」とは、すなわち「偏った欲求」なのです。

もっとお酒飲みたい♡
もっとタバコ吸いたい…
モクモク
ゲームがやめられない
エイッ
エイッ

◆暴走のリスクはどんな人にもある

「私はゲームもタバコもしないので、欲求が暴走することなんてありません」と言う人もいるでしょう。

でも、「100％暴走しない」と本当に言い切れるでしょうか？

「小さな依存」は、私たちの日常生活の中に潜んでいます。

たとえば、家でテレビを観ながらポテトチップスを食べていたとします。

最初はちょっとつまむだけのつもりだったのに、いつの間にか止まらなくなり、気がついたら袋が空っぽだった……という経験はないでしょうか？

スキマ時間に手持ち無沙汰でスマホをいじってしまうのも、軽い依存でしょう。

何もしていないことに耐えられなくて、何度もメールをチェックしたり、ニュースサイトを見たりする。

「そんなの、誰でもやってることでしょ？」と言われそうですが、24時間手放せない状態が続いているなら、要注意です。

あるいは、孤独を紛らわせるために、常にその場しのぎの恋愛対象を探し求めてしまう。

だから、つきあっている異性が途切れない……。

これは、人間関係の依存。

やはり、強くなった欲求が手に負えなくなった状態です。

「欲求が暴走する」という言葉からは、日常生活に影響が出るくらい精神的なバランスを崩してしまう状態をイメージするかもしれません。

しかし、欲求のコントロールがうまくいかない状態というのは、このようにどんな人にも起こり得ることです。

私たちは、誰もが、そして、いつでも、欲求が暴走するリスクと隣り合わせで生きているのです。

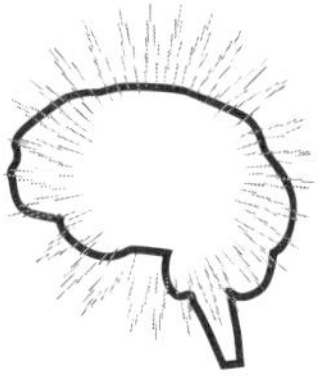

脳は8つのエリアに分けられる

◆欲求の暴走を止める最後の門番

欲求がコントロールできなくなると、日常生活にさまざまな悪影響が出てきます。

だから、私たちは、どこかで大きくなりすぎた欲求をセーブしなければいけません。

では、どうすれば、大きくなった欲求をセーブできるのでしょうか。

最終的に欲求を抑えるのは、前頭葉（↓26ページ）です。

前頭葉は、脳の前方にあって、思考や創造など高度で複雑な働きをしますが、さらに、「意思」を実行するために、行動を起こすときにも働きます。

ですから、過剰な欲求が生じたときには「止めろ」という指示を出すのですが、このコントロールがうまくできないと、欲求に歯止めがきかなくなります。

ちなみに、子どもは前頭葉が未熟なので、大人のようには簡単に欲求を止めることができません。だから、欲求を止めるべきかどうか正しく判断できない人は、幼児性をひきずっ

ているという意味で、脳の発達が不十分だと考える人もいます。

脳が未発達な人は、あまり前頭葉を使わずに欲求を解消しようとします。

「前頭葉を使わない」とは、理屈では欲求の善し悪しを理解していても、好ましくない欲求を止めるチェック機能が働かない状態だと考えてください。

このように、前頭葉が「抑える力」を発揮できないと、欲求はいずれ暴走します。

「抑える力」の強さ（発達度）は、その人が限界状況に陥るとわかります。

精神状況が限界になると、誰でもアタフタするものですが、それでもきちんと発達した脳は、前頭葉を働かせて必死に「思考」しようとします。

ところが、未熟な脳は思考したり状況を把握したりする余裕がないので、行動や感情に抑制が利かなくなって、パニックになるのです。

◆前頭葉が止められない欲求もある

このように、私たちは大きすぎる欲求や不都合な欲求を前頭葉で抑えようとしますが、すべての欲求を前頭葉でコントロールできるわけではありません。

たとえば、食欲や睡眠欲など本能に関する欲求は、いくら前頭葉でも止められないのです。これは脳がきわめて複雑なシステムによって動いている、ひとつの表れだと言えます。

それなら、食欲が発生する「根本」にアプローチすれば、過剰な欲求が抑えられるのではないか。そんなふうに思いますよね？

しかし、そう簡単にはいかないのです。

食欲をはじめ、欲求を制御するホルモンは視床下部でつくられますが、この部分の働きを止めてしまえば、人間としての基本的な機能が働かなくなります。

このことからもわかるように、欲求のコントロールにはそれなりの工夫が求められます。

では、どうすればいいのか？

そこで、「欲求をセーブする技術」が必要になるのです。

◆「脳番地」という考え方

「欲求をセーブする技術」について解説する前に、ここでその前提となる話をしておきたいと思います。それは、「脳番地」という考え方についてです。

「脳番地」については、前作でもご説明しましたので、すでにどういうものなのか、ご理解いただいている方も多いでしょう。ここでは、おさらいのため、そして初めて知る方のために簡単に触れておきたいと思います。

「脳番地」とは、私が提唱してきた脳の新しい概念です。

脳には1000億個を超える神経細胞がありますが、これらは同じ働きをする細胞同士で「基地」をつくっています。思考に関する細胞は基地A、記憶に関する細胞は基地B、感情に関する細胞は基地C……といった具合です。

この基地と、そこに集まっている脳細胞のことを、私は「脳番地」と名付けました。

脳全体を1枚の地図に見立てて、役割ごとに「住所（番地）」を与えたわけです。

脳番地は細かく分類すれば、全部で120に分けられるのですが、代表的なのは、思考、感情、運動、聴覚、視覚、伝達、理解、記憶の8つ。具体的には以下の特徴があります。

①思考系脳番地……物事を深く考えるときに働くエリア
②感情系脳番地……喜怒哀楽などの感情を表現するときに働くエリア
③伝達系脳番地……コミュニケーションを通じて意思疎通を行うときに働くエリア
④理解系脳番地……与えられた情報を理解し、将来に役立てるときに働くエリア
⑤運動系脳番地……体を動かすこと全般に働くエリア
⑥聴覚系脳番地……耳で聞いた情報を脳に集積させるときに働くエリア
⑦視覚系脳番地……目で見た情報を脳に集積させるときに働くエリア
⑧記憶系脳番地……情報を蓄積するときに働くエリア

思考系は頭の前方にあり、伝達系はその思考系の後ろ。運動系は頭のてっぺんにあって、前頭葉に位置しています。

感情系は思考系の下に位置しており、ここには扁桃体（↓28ページ）が含まれます。

記憶系は脳の側面（側頭葉）にあって、海馬はこの番地に含まれます（↓28ページ）。

この記憶系の上、耳の奥にあるのが聴覚系、その後ろの後頭部にあるのが視覚系脳番地です。理解系は視覚系と聴覚系の中間にあって、他の番地と連携しやすくなっています。

私たちの脳は、これら8つのエリアが互いに複雑に連携しながら動いているのです。

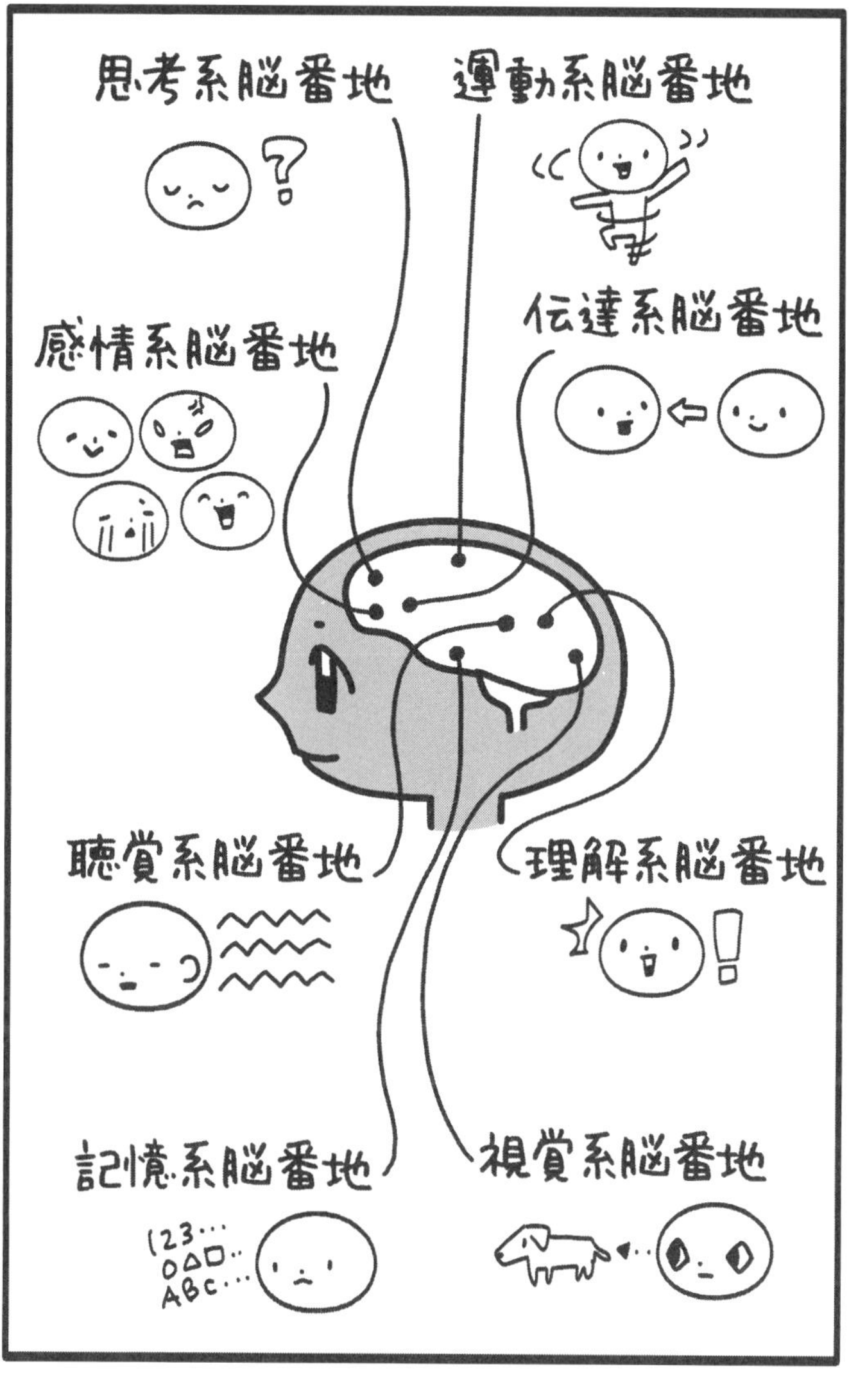
思考系脳番地
運動系脳番地
伝達系脳番地
感情系脳番地
聴覚系脳番地
理解系脳番地
記憶系脳番地
視覚系脳番地
123…
○△□…
ABC…

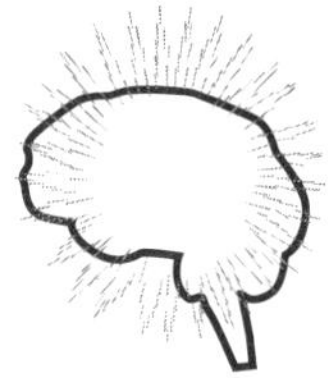

欲求の暴走を食い止める方法

◆欲求をセーブする技術① 脳番地シフト

ここで、先ほどの〝疑問〟に戻りましょう。

欲求の暴走を止めるには、どうすればいいのか――。

最初にご紹介するのが、「脳番地シフト」という考え方です。

欲求の暴走を止めるには、目の前にある欲求を「別の方向に向かせる」ことが必要です。

そこで、ある欲求が発生したとき、その欲求が関わっている脳の働きを、別の脳活動に置き換えるのです。

でも、これだけではよくわかりませんよね。

もう少し、詳しくご説明します。

脳の中で欲求が生まれると、その欲求は該当する脳番地を刺激します。

怒りの欲求が強くなれば感情系脳番地が動き、体を動かしたい欲求が高まれば運動系脳番地が動くという具合です。ですから、ある欲求をセーブしたいと思ったら、別の脳番地を動かして、欲求の方向を逸《そ》らすのです。

最も手っ取り早いのは、止めたい脳番地の動作と同じ運動系を使った「脳番地シフト」です。

たとえば、ポテトチップスを食べるのがやめられなくなったとしましょう。

食べすぎだとわかっているのに、どうしてもやめられない。

あと1枚だけだと思っても、次々に袋の中に手が伸びてしまう……。

そういう場合は、

- ハーモニカを用意して演奏を始める
- 風船を膨らます
- ガムをかむ

など、口を使った別の作業をするのです。

あるいは、口に入れたポテトチップスを少し大げさに、ゆっくりかんでみるのも有効です。「食べる」という行為には変わりがなくても、口の運動系脳番地を使って、アゴを疲労させ、欲求を低下させる効果があります。

「ポテトチップスをつまんで口に入れる」という行為を、手を使った別の作業に置き換えるのも効果的です。たとえば、こんな作業です。

- 足の爪を1つひとつ丁寧に切る
- 耳かきで左右の耳を掃除する

あるいは、別の脳番地を刺激するのもいいでしょう。ポテトチップスの例なら、

- パッケージに印刷された内容、色づかいなどをよく観察する（視覚系脳番地）
- 「ポテトチップス」を題材にした俳句を考える（伝達系脳番地）
- ポテトチップスのＣＭを思い出してみる（記憶系脳番地）

といった具合でしょうか。

このように、脳番地シフトには、同じ番地内でシフトさせる方法と、別の番地にシフトさせる方法がありますが、どちらも五感を使うと欲求を抑えやすくなります。

以前、アメリカで、右手を冷たい水、左手をぬるま湯に同時に入れると、冷たさや熱さを感じなくなるという脳の働きを研究しました。

その結果、体の左右から別々の刺激が同時に脳に入ると、それぞれの刺激に対する感じ方が変わることがわかったのです。

ちなみに、「うつ」を改善する治療は、この「脳番地シフト」と同じ原理であると言えるかもしれません。

うつは、同じことを何度も考えて思考が袋小路に入ってしまい、脳全体の活動低下が起きている状態です。この状態は、ハムスターが回し車を回転させているように、ひとつのサイクルをグルグル回っているだけなので、思考の中身が深まりません。

いつまでも同じ不安ばかり考えているので、なぜそうなるか、どうすればいいのかなど、考えを掘り下げられないサイクルに入ってしまうのです。

だから、グルグル回っている思考を、そのサイクルの外に出してあげる。言い換えれば、別の脳番地を使った活動を用意してあげる。これが、うつを治す作業療法や認知療法のアプローチなのです。

このしくみがわかると、欲求が抑えられなくなったときに、「考えない、考えない」とひたすら念じていても、あまり意味がないことがわかるでしょう。

◆欲求をセーブする技術②　理解系・思考系脳番地の連携

欲求をセーブするときに一番大事なのは、その中身をよくよく理解することです。

先ほど欲求を止めるのは前頭葉だと書きましたが、だからといって、思考系脳番地がある前頭葉の機能だけを高めても、うまくいきません。

カギとなるのは「理解系脳番地」。頭のてっぺんの、やや後ろ寄りにある理解系脳番地では、欲求の中身をじっくり吟味したり、知識や理性を引っ張り出したりして、欲求の意味を理解し直す働きをしています。

この理解系脳番地は、普段は思考系脳番地と連動して活動していますが、理解がおろそかになると、思考系脳番地が暴走を始めます。ですから、日頃から理解力を高めて、2つの脳番地がうまく連携するようにしなければいけません。

理解力を高める方法はいろいろありますが、効果があるのは、いわゆる精神修養です。精神修養というと、歯を食いしばって滝に打たれる……といったイメージがありますが、ここでは芸術やスポーツなどを通じて心を鍛えること、あるいは人間力を高めて深みをつくり出すこと、と考えてください。

いずれにせよ、より多くの情報を集めて、物事の筋道を立てられる豊かな理解力がなければ、欲求を適切に処理することはできないのです。

理解力を高めれば欲求を抑えられる

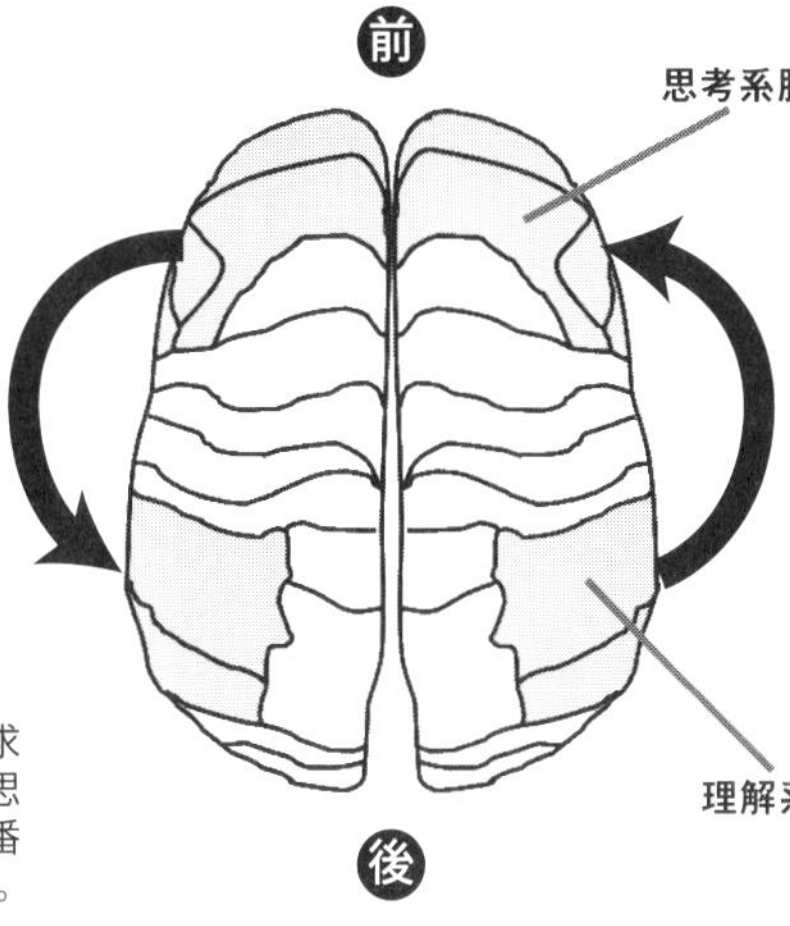

脳を真上から見た図。欲求を暴走させないために、思考系と理解系、2つの脳番地を連携させることが必要。

ただ、1点だけ、注意したいポイントがあります。

先ほど、理解系脳番地では「知識を引き出して欲求をとらえ直している」と書きましたが、参考にする知識が増えれば、それだけ判断のスピードが遅くなります。

「好ましくない欲求なら、じっくり理解した上で排除できるからいいんじゃない？」と思うでしょうが、逆の場合もあるでしょう。

つまり、健全な欲求を実行する決断も遅れてしまうのです。

理解力を高めながら、欲求を実現するか否かの判断を、いかに素早く行うか――。

これが、理解系・思考系の連携における課題なのです。

◆欲求をセーブする技術③ きちんと睡眠をとる

私たちの脳が欲求を暴走させるときには、外的要因が影響していることもあります。その一番大きな原因と考えられるものが、「睡眠」です。

睡眠が不足していると、脳の判断力や機能が低下します。そのため、単純な欲求が浮かび上がってきたときに、複雑な思考を経ないまま、その欲求に反応してしまうのです。そうなると、欲求をうまく制御することができません。

通常、脳の中では複数の情報処理が同時並行で進んでいます。それは、机の上にさまざまな書類を広げて、それらをつなげたりまとめたりする作業を、いくつも同時に行っているようなもの。ところが、睡眠不足になると、机の面積が一気に狭くなってしまいます。

机の面積が減るということは、同時にできることが少なくなる、ということ。

普段は5つのことが同時にできているのに、それが3つや2つに減ってしまうのです。

すると、どんなことが起きるでしょうか？ より高度で社会的な「欲求」は検討の対象から外れ、本能に近い欲求が無批判に優先されるようになるのです。

たとえば、睡眠不足のときに、目の前においしいそうな食べ物がたくさん出されたとしましょう。手を伸ばせば、好きなだけ食べることができます。

普段なら、「自分は本当に食べたいのか？（勢いや惰性ではないのか？）」「これを食べ

たら太ってしまうんじゃないか？」といった思考が働くでしょう。

しかし、睡眠不足で判断力が落ちているときは、こうした検討ができません。この例であれば、深く考えずに、必要以上の量を食べてしまう危険性があります。

また、睡眠不足だと、もうひとつ別の問題が発生します。

感情のコントロールがうまくできなくなるのです。

普段なら受け流すような感情のざわつきも、自分の中でバランスがとれなくなるので、人によっては、いきなり怒り出したり、わけもなく悲しくなったりするのです。

こうなるのは、脳に供給されている酸素が足りないことも一因です。

脳を万全の状態で動かすには十分な酸素が必要ですが、酸素の量が不足していると、複数の脳番地を同時に動かすことが困難になります。だから、欲求の暴走を防ぐためには、睡眠時間をしっかり確保して、脳に十分な酸素を与えなければいけないのです。

では、脳が正常に動くためには、どれくらいの睡眠時間があればいいのでしょうか。

これには個人差があるので、一概に「○時間の睡眠が必要」と言うことはできません。8時間寝なければボーッとしてしまうという人もいれば、4時間程度で問題ないという人もいるようです。

私の場合は、1日大体7時間、少なくとも6時間以上寝ていないときは、重要な判断を避けるように心がけています。1日の4分の1である6時間の睡眠時間が確保できていないときは、「欲求に流されないように注意せよ」と自分に言い聞かせています。

逆に、10時間以上の過剰睡眠後には、本格的に活動するまでに半日ほどの準備時間を設けます。

皆さんも、適切に欲求をコントロールするために、最低限、どれだけの睡眠時間が必要なのか、あるいは、どれだけの睡眠をとるとボーッとした時間が続くのか、調べてみてはいかがでしょうか。

◆欲求をセーブする技術④ 欲求解消の時間を未来に組み込む

「ゲームがしたい」という欲求に流されて、つい深夜までプレイしてしまう……。そんな人もいるでしょう。

ゲーム自体は決して悪いものではありません。うまく使えば気分転換になりますし、ときには脳を活性化させるツールとして有効に活用できます。

しかし、他に優先すべき事柄があるのに、どうしてもやめられなくなってしまう。ひどいときには寝食を忘れて没頭してしまう。

こうなると、深刻な問題です。

では、欲求に引きずられて時間をムダに消費してしまう問題は、どうすれば解決できるのでしょうか？

時間をムダにしないためには、欲求を解消する時間を未来の予定に組み込むのです。

たとえば、ゲームをしたくなったら、「何時になったらゲームをやる。でも、それは今ではない」と、強く自分に言い聞かせる。

注意したいのは、「してはいけない」というように行為を禁止しないことです。

「してはいけない」と欲求を抑えつけると、その欲求はどこかでまた顔を出します。

でも、未来のどこかに実行するための時間をつくると、成長しつつある欲求がひとまず暴走しないで落ち着くのです。これはつまり、「時間が来たら欲求を満たしていい」という許可を、〝報酬〟として脳に与えることを意味します。

脳はあることを「してもいい」という指令を出すと、将来実現することが保証されたと考え、時間までその欲求を発動しません。

その結果、私たちは欲求に惑わされなくなるのです。

このように、脳の性質をうまく利用すれば、衝動的に飛びつきたくなる欲求から脳を解放することができます。

また、時間を細切れにせず、まとめて与えることも有効です。

たとえば集中して4時間半勉強したいときに、1時間半勉強するごとに10分ずつゲームをすると決めたとしましょう。これだとトータルで30分間ゲームができることになります。

でも、欲求の解消が断続的なので、満足感は今ひとつです。

だから、あまり効率的ではありません。

一方、「寝る前にゲームをやる」と決めれば、時間まで勉強に専念できます。

また、勉強が終わって寝る前にゲームができれば、満足感も得られるでしょう。

このように、欲求解消の時間を割り当てれば、少なくとも「出口」がハッキリするので、欲求の暴走を食い止めることができるのです。

◆欲求をセーブする技術⑤ 欲求の暴走防止柵をつくる

欲求が止まらないのは、〝止める条件〟がそろっていないからと考えることもできます。たとえば何かを食べ続けたいという欲求があっても、その食べ物自体がなくなれば、「食べる」という行為は続けられません。

ですから、欲求の暴走を止める強制力（柵《さく》）をつくるのも有効な方法でしょう。食欲を抑えるなら、食べ物を家に置かない。あるいは、食後にすぐ歯みがきをしてしまう（一度口の中をキレイにすると、再び食べ物で汚すことは避けたくなる）。

こうした工夫が、暴走を食い止める「柵」として機能します。

医師にとって、この柵となるのは、急患が出たという連絡でしょう。これればかりは最優先しなければいけませんから、今までやっていたことがすべてリセットされて思考が切り替わります。

余談ですが、私の柵は、〝犬〟です。

わが家の飼い犬は、時間になると「お腹がすいた」と私だけに大声で吠えるので、おやつのバナナを準備するために、それまで続けていたことを、どうしても中断しなければいけません。私が、仕事をやめなかったり、朝起きなかったりすると、パソコンをさわってきたり、寝ている私の頭をゴシゴシこすってきたりします。このおやつの準備で頭がリセットされるので、「そろそろ、やめなきゃ……」と行動が中断されるのです。

こうして考えてみると、誰かの協力を得て、柵をつくることも有効かもしれません。欲求に振り回されそうな時間がわかっていれば、その時間に合わせて電話やメールをしてもらう。あるいは、こちらから連絡をして、思考をリセットするような会話をする……。これも、立派な強制力です。

また、部屋の明かりを消して、無理やり暗闇にするという方法もあります。真っ暗になれば、脳に入ってくる刺激が激減しますから、欲求を抑えることができます。

脳内が暴走する欲求に支配されているときには、電化製品の電源プラグをコンセントから抜くように、無理やりその思考回路を遮断することも、ときには必要なのです。

◆欲求が暴走する人ほど成功する!?

ここまで、欲求を暴走させないための方法をいくつかご紹介してきました。

なぜ、「暴走」させてはいけないのかと言えば、欲求に忠実に行動すれば、いろいろな不都合が生じるためですが、とはいえ暴走は悪いことばかりではありません。

というのも、欲求を維持するにはエネルギーが必要で、欲求が暴走しやすい人というのは、このエネルギーをたくさん持っているとも言えるからです。

脳は絶えず成長したくてウズウズしている器官です。その脳にとって、最も良くないのが、思考を停滞させること。そして、考えないことです。

しかし、欲求が大きくなって暴走しているときというのは、方向が良いか悪いかは別として、脳がその機能をできるだけ使いたいと強く欲していて、実際、それが可能であることを示しています。

ということは、一見デメリットだと思われがちな「欲求の暴走」も、使い方次第で良いものに転換される可能性を秘めている、と言えないでしょうか。

世の中には、テロなど反社会的な活動を企《くわだ》てたり巧妙な手口で人からお金をだまし取ったりする人たちがいますが、私は、あのエネルギーを別の方向へ向けたら、どれだけ社会の役に立つだろうと考えることがあります。

なぜなら、意識して脳番地シフトをすれば、暴走してしまうほどの強い欲求を別の「コンテンツ」に変化させることができるからです。

たとえば、憎しみのような強い負の欲求を、絵画や文芸などの芸術表現に昇華する人がいます。また、ハッカーのようにプログラミングに精通した人たちの欲求を、セキュリティ技術の向上に応用する例もあります。

自身の欲求を暴走させやすい人は、その欲求を別の方向に向けることができれば、大きな成功を収められるのかもしれません。

脳は強い意思をもって確立された「欲求」は、何が何でも実現しようとします。

だから、欲求をより良い方向に高めたいと思ったら、正しい方向に暴走するように、手なづければいいのです。

それが、まさに自分の欲求をうまく「育てる」ということなのではないでしょうか。

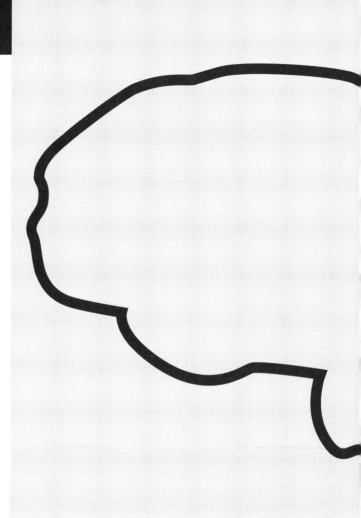

Chapter 4

「欲求」を正しく育てよう

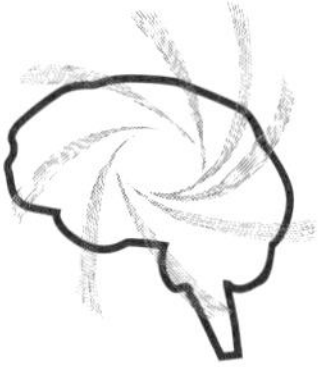

欲求の多い女、欲求の足りない男

◆なぜ女性は元気なのか？

欲求について語るときに、よく聞かれるのが、男女の差についてです。

私は年に30回以上、講演を行っていますが、話を聞きに来てくださる方々と接しながら、ずっと気になっていたことがあります。

それは、年齢が上がれば上がるほど、圧倒的に元気なのは、なぜか女性なのです。

「先生、私、今度ヨガを始めるんですよ。脳にもいいんでしょうか？」

「水彩画を習い始めたんですが、これって脳を鍛えることにつながります？」

そんなふうに熱心に話しかけてくださるのは、ほぼ女性です。

新しい習い事を始めたり、舞台を観に行ったり、友達と旅行に出かけたり、50代〜60代の女性は、そんなふうに活動的な生活を送っている方が多いようです。

では、男性はどうかと言うと、彼女たちが言うには、

男女別100歳以上高齢者数の年次推移

※参考：厚生労働省「男女別百歳以上高齢者数の年次推移（平成26年度）」より作成

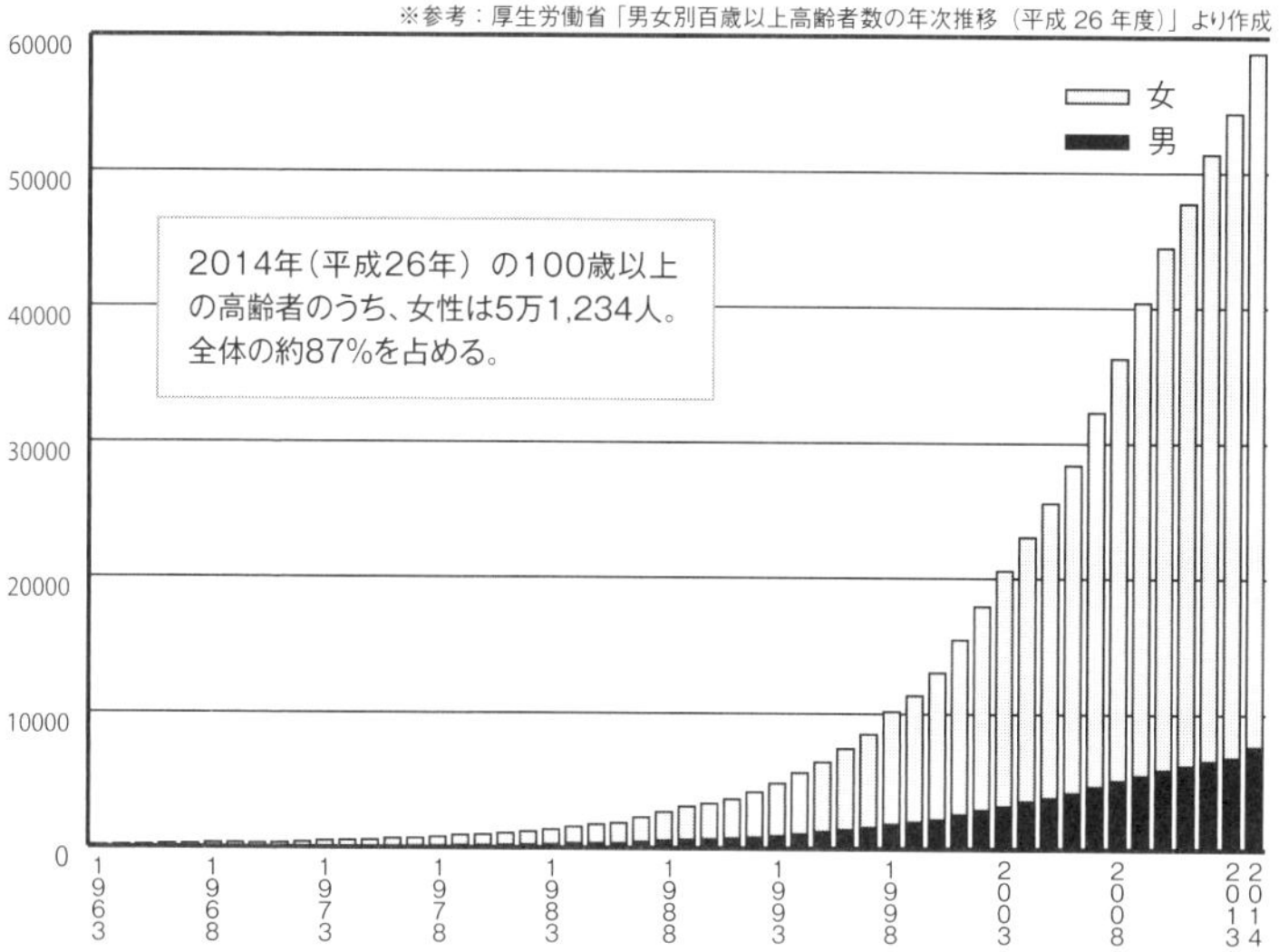

「あぁ……ウチの人はダメ。『興味がない』って家に閉じこもってるから」

というのです。

この差は一体何なのでしょうか？

◆男女の欲求差が生まれる理由

上の統計は、1963年（昭和38年）以降の100歳以上の高齢者の男女比です。

これを見ると、年々、男女の差が広がっていることがわかるでしょう。

2014年には、100歳超のお年寄り5万8820人のうち、女性が87・1%、男性はわずか12・9%となっています。この数字を見ても、女性が元気なのがわかります。

背景には、生物的な特性や環境など、さまざまな要因があると言われていますが、ここまで大きな差が生まれるのは、何か他にも要因があるように思います。

そのひとつが、〝欲求の差〟ではないか――。そんなふうに思うのです。

あくまで一般論ですが、男性と女性を比べると、左の表のような違いが見られます。

女性は、欲求不満が続いても新しい欲求を求める傾向が強いのに対して、男性は欲求が満たされないと「欲求喪失」になり、常に欲求が不足した状態に陥りやすいと言えます。

50歳以降の欲求欠乏は男性に限ったことではないでしょうが、行動パターンを観察すれば、女性のほうが欲求を膨らませる生活をしているようです。

無論、どちらが良い・悪いということではありませんが、少なくとも女性の行動のほうが脳を刺激する要素が多く含まれていると言えるでしょう。脳に与える刺激が多いということは、それだけやる気や意欲が生まれ、新しい欲求がつくられやすいのです。

表に「近所の人との交流がある」とありますが、確かに、女性はおしゃべり好きな方が多いです。学校の休み時間、午後の仕事の前のランチタイム、近所の奥さんとの井戸端会議など、あらゆるところで情報交換がされています。

このおしゃべりによって、女性はコミュニケーションの欲求を満たし、ストレスを解消しているのでしょう。

また、健康に良いといわれる運動や食べ物を試したり、友だちと誘い合って食事に出か

脳にとって良い生活習慣はどっち？

女性の特徴

- 好奇心が旺盛（→挑戦的）
- 話題に事欠かない
- 炊事、洗濯、掃除などに抵抗がない
- 近所の人との交流がある
- 健康に関心がある

男性の特徴

- 自尊心が高い（→非挑戦的）
- 時事問題、スポーツの話しかしない
- 家事全般に対して消極的
- 交流の機会がない
- 健康にあまり関心がない

上に挙げた特徴は、男女それぞれにおいて「その傾向が強い」というだけにすぎない。したがって、女性でも、右のような生活習慣を実践している人は注意が必要。

けたりと好奇心旺盛な面もあります。もちろん男性も、それなりに欲求を満たしているのでしょうが、女性ほどではない、というのが私の実感です。

原因のひとつは、接している世界の違いかもしれません。

男性は、仕事が忙しすぎて、毎日会社と家との往復ばかりという方が多いようですが、そうなると、世界が狭くなります。出世したいという欲や競争に勝ち残りたいという欲はあっても、それはあくまでも「会社」という枠の中でのことで、限定的な欲にすぎません。

一方、女性は、ご近所、職場の仲間、ママ友、姑・舅など、多様な人間関係の中で生きているので、場面場面で状況に適応しなければならない。それが、脳のさまざまな場所を使うことにつながっているのでしょう。

◆男性は女性と比べて××が薄い!?

では、「男女の欲求の差」について、脳科学の面から考察してみましょう。

まず注目したいのは、右の脳と左の脳を行き来している情報量の差。

よく知られている話ですが、女性は男性より左右の脳を活発に交流させることができます。人間の脳には、右脳と左脳を連結する「脳梁《のうりょう》」という部位があります。脳梁は文字通り梁《はり》のようなつくりになっていて、右脳と左脳の情報は、ここを行き来しています。

男女の脳梁の差

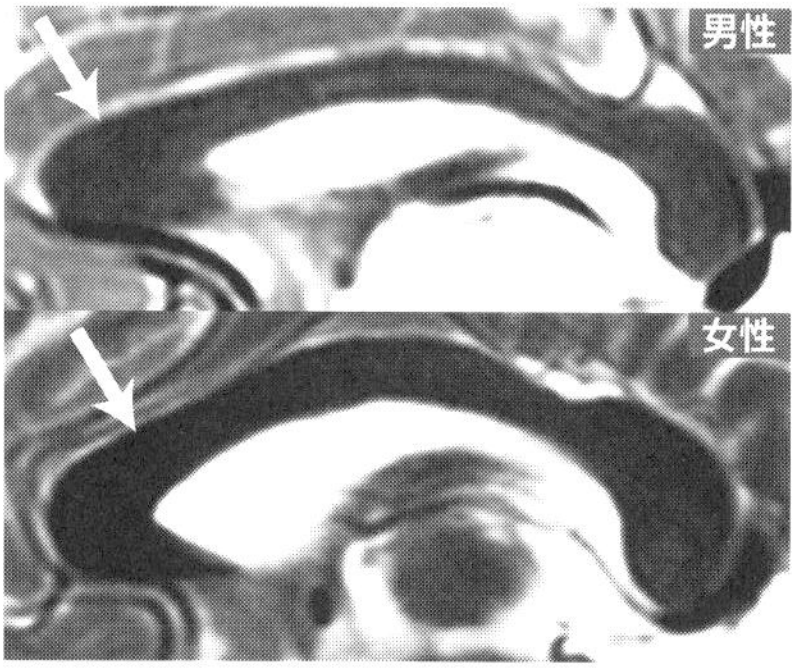

上は男性の脳、下は女性の脳（縦方向の断面図）。それぞれ中央に見える黒い塊が「脳梁」。一見してわかるように、極端な例を挙げたが、女性のほうが厚みがあることがわかる。

この脳梁が交通事故などで破壊されると（びまん性軸索損傷）、右脳と左脳とでうまく情報をやりとりできなくなります。

元気で立ち上がれるし、ハッキリした発音で会話をすることもできる。だから、一見、何も問題がないように見えますが、奇妙な症状が現れます。

絵を見せると、それが「何か」は理解できるのに、言葉（名前）が出てこない。

両手でものをさわっているのに、片方しかさわっていないものがわからない……。

このように、片方の脳で処理された情報がもう片方に入らなくなってしまうのです。

脳梁が脳の活動の中でいかに重要な役割を担っているのか、よくわかるでしょう。

実は、この脳梁の厚さが、男性と女性と

では、異なります。

男性の脳梁は、女性のそれと比べて薄いのです（あくまでも一般論。例外もあり）。

その差は平均値で、約2ミリ。「何だ、その程度か」と思うかもしれませんが、脳の世界での2ミリはとても大きな差です。

右脳、左脳の情報交流が活発ということは、それだけ脳の多くの場所を使うことになりますから、さまざまな欲求が生まれやすくなります。

一方、左右の脳の交流が少ないと、特定の分野だけを深く掘り下げることになります。

これはスペシャリストになる可能性を秘めているので、決して悪いことではありませんが、半面、欲求の種類が狭まってしまう恐れがあります。

また、特定のことだけを突き詰めると、それだけこだわりが強くなるのですが、それは「頑固」「融通がきかない」というマイナス面と紙一重なので、注意が必要です。

◆「聞きたい女」と「見たい男」

脳番地（↓77ページ）の使い方にも、男女差が現れます。

一般的に、男性は視覚系脳番地が発達している傾向があります。

これは、わかりやすく言えば、「見たい」という欲求が強いということです。

一方、女性が発達しているのは、聴覚系脳番地。

だから、「聞きたい」という欲求が強くなります。

たとえば、何か問題が起きたときに、女性はまず、現場で事情を知っている人に話を聞きたいと考えるでしょう。もちろん、男性も同じように考えるでしょうが、それより現場に行って、何が起きているのか（起きたのか）、この目で「見てみたい」と思うのではないでしょうか。それで何が違うのかと思う方もいるでしょうが、ここで差が出るのは、欲求の「広がり」です。

情報を聞いたら、次は見たくなりますよね。でも、見た後にそこで得た同じ情報について、「聞いてみたい」と思うでしょうか。

おそらく、もう十分だと思うでしょう。

つまり、視覚系の欲求は、一度満たされると発展しづらいのです。

こんなところからも、男性の欲求が狭く完結してしまう危険性がうかがえるのです。

余談ですが、皆さんは、なぜ男女のケンカが平行線をたどるか、わかりますか？

それは、ケンカが起きたときに、聴覚系脳番地が発達している女性が「言われたこと」を問題にするのに対し、視覚系脳番地が発達している男性は「起きたこと（状況、場面）」を問題にするからです。

女「どうして、あなたはあのとき、あんなことを言ったのよ!!」
男「だって、あのときはああいう状況だったし、仕方ないじゃないか！」
女「だからって、あんな言い方することないじゃない！」
男「でも、○○さんが××していたから、キミに言うしかなかったし……」

これではいつまで経っても両者は交わりません。

夫婦やカップルのケンカのかみ合わなさは、強い脳番地が視覚系と聴覚系とに分かれやすいという、男女の特徴によっても説明できるのです。

◆長続きする男女がやっていることとは？

このように、欲求の大きさや広げ方がまったく異なる男女が、うまくやっていくことはできるのでしょうか？

結論から言えば、可能です。ただし、そこには条件があります。

人の欲求は、年を重ねるにつれて変わっていく――。

この事実を理解することでしょう。

「私、あなたのことが大好きよ」「ボクはキミのことを愛しているよ」と言っていても、

50年経てば、人の脳は大きく変わってしまいます。

脳が変われば、欲求も変わります。

お互いをいくら思い合っていても、この事実には抗えません。

脳が絶えず変化するとしたら、パートナーと強くつながり続けるためには、その変化に動じないような強い欲求を2人でつくっていかなければいけません。

それができなければ、小川を流れる2枚の葉っぱのように、やがて別々の方向に（別々の欲求に）流されていくことになるでしょう。

＊　＊　＊

最後に、ここでの話は、あくまでも「しくみ」を説明するために単純化しています。

短絡的に「女は〜、男は〜」と決めつけるのは、誤解を生む原因になります。

人の脳は1人ひとり個性的で、まったく同じ脳を持っている人はいません。したがって、どんな欲求を持っていて、それがどんな形で現れるかも人それぞれです。

ですから、あくまでもこういう傾向があるという程度に考えてください。

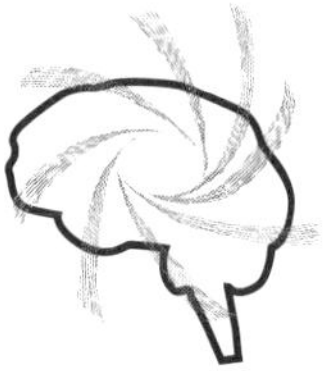

なぜ欲求を育てなければいけないの？

◆欲求が低下すると脳は衰えていく

「欲求を育てる」という話をしましたが、こういう話をすると、急に警戒する人が出てきます。「欲求を大きくしてしまってもいいのだろうか……」と。

もちろん、チャプター３で見たような、欲求の暴走は避けなければいけません。

しかし、ある程度の欲求は必要不可欠なものです。なぜなら、繰り返し述べているように、欲求がなくなると、人は途端に衰えていくからです。

実際、脳の中にも老化のサインが見られるようになってきます。

ＭＲＩの脳画像は、活動性の高いところを黒く、活動性の低いところ、あるいは未開発な部分を白く写すことができます。この方法で元気がないお年寄りの脳を分析すると、活動的な箇所（黒く見える）に白い影のようなものが見られることがあります。

ちょうど、黒いところに虫食いが起こるような現象です。

脳内に見られる老化サイン

●活動が低下してきた脳（81歳・女性）

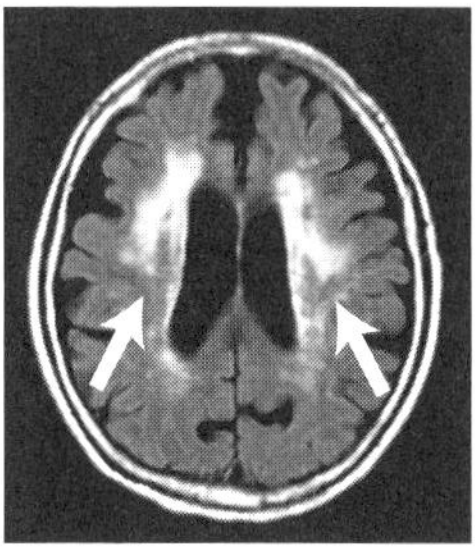

●元気な脳（96歳・男性）

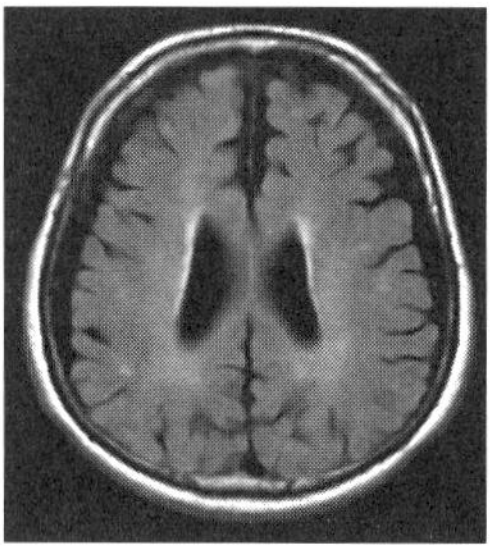

左の画像で、中央付近に見られる白い部分が“微小梗塞”の集まり。この部分では、細胞がまったく動いていない。元気で活動的な人の脳（右）では、微小梗塞による虫食いはほとんど見られなかった。

この白い部分が多くなると、脳の活動が低下してきて、動きが緩慢になります。

では、「白いもの」の正体は、一体何でしょう？

実はこれは「微小梗塞」といって、脳梗塞のように微少な血管が詰まって、その周囲の細胞が壊疽《えそ》したために、神経線維の働きが低下している部分なのです。

お年寄りでも、元気で活動的な方の脳は、脳内のネットワークが生きていて、黒々と活発に枝を伸ばしています。

もちろん、年齢を経ると、脳はある程度縮んできますし、白い箇所（不活発な部分）も増えてきますから、そうした特徴は元気な人でも確認できます。

しかし、「〇〇したい」「××に行きたい」

といった欲求があまりない人の脳は、活発な範囲が徐々に狭くなり、脳の形が悪い方向に変わっていることがわかります。

「悪い」というのは、使われている脳の回路が少なくなっているような状態です。

だからこそ、積極的に欲求を生み出すとともに、それをうまく消化し、満足度を高めるような生活を送るように心がけなければならないのです。

◆あきらめないでギラギラしよう

欲求を生み出すのは大事なことですが、脳にとってさらに大事なのは、欲求を「持続させる」ことです。

世の中には、80歳になっても彼女が5人いるという元気なお年寄りがいますが、こういう人はなぜ元気なのでしょうか？

勘違いしがちですが、〝行為〟ができる・できないという問題ではありません。彼女に会えないときに、「会いたい」と強く願う気持ちを持っていること。それこそが欲求を大きく成長させ、脳をイキイキさせる動力源となるのです。

もっとも、ひとつの欲求の追求がうまくいかなくても、そこで別の欲求に乗り換えられれば、問題はないでしょう。ところが、自分で選択肢を狭めてしまうような人は、他の欲求に乗り換えることができません。言い換えれば、脳に「代替欲求」を用意してあげられないのです。これは、人間の生き方としても、あまり良くないのではないでしょうか。

ですから、何度失敗しても、どんなに行き詰まっても、決して自分の選択肢を減らさないことです。

〝言うは易く行うは難し〟ですが、それでも発想を切り替えて、

「こういう方法もあるんじゃないか」

「まだ、こんなやり方がある」

と、前向きに考えたいものです。

繰り返しますが、欲求を持つことをやめれば、その瞬間から脳の老化現象が始まります。だからこそ、やりすぎだと思うくらい欲求を強く意識するくらいのほうがいいのかもしれません。

年を重ねたときに、どうしても実現したい欲求が目の前に見えていれば、まだまだあなたの脳は元気だと考えていいのです。

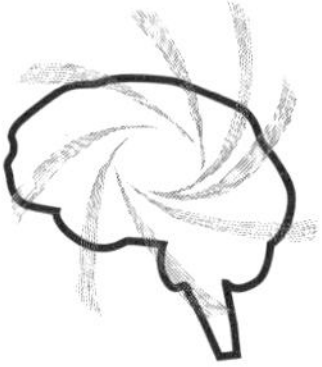

欲求が生まれにくくなる「脳の自動化」

◆急いで外出してもカギが閉まっている不思議

ここまでの説明で、欲求を育てることがいかに重要か、ご理解いただけたと思います。

しかし、欲求は、存在しなければ育てることはできません。

そこで、ここからは「欲求を生み出す脳内環境」について考えてみましょう。

ところで皆さんは、こんな経験をしたことはないでしょうか。


朝起きると、寝過ごしてしまったことに気がついた。

急がないと、電車に乗り遅れてしまう。

身支度を整え、あわてて家を出て、駅までの道でふと立ち止まる。

「あれ？　家のカギ、閉めたっけ？」

そういえば、ドアを閉めたときの記憶がない。

仕方なく家に戻ると、そういうときに限って、たいていカギは閉まっている……。

「外出するときにカギを閉める」

これは私たちが毎日やっている動作です。

カギを閉めるときには、「カギをかけないとドアが開いたままだ」とか、「この穴に差し込むんだよね？」「回した後は引き抜かなきゃ」などと細かいことは考えません。「カギ穴にカギを差し込む→回す→引き抜く→カギをしまう」という一連の動作は、無意識に実行されます。では、なぜ、このようなことが可能になるのでしょう？

それは、ある動作を繰り返し続けていると、何も考えなくても自動的にその動作を完結させる回路が脳の中に形成されるからです。

この回路が形成されるプロセスを、私は「(脳の) 自動化」と呼んでいます。

もちろん、「自動化」は、カギの開け閉めだけではありません。エアコンを消す、服を着替えるといった日常的な動作も、やはり「自動化」です。

「自動化」は習慣的に行っていることなので、あれこれ考えなくても、文字通り〝自動的に〟体が動きます。ですから、後で記憶をたどっても確実にしたのかどうか、まったく覚えていないということが起きるのです。

自転車の運転もそうですね。

練習をしなければ、人は自転車に乗ることができません。

でも、一度コツをつかんでしまえば、バランスの維持やハンドルさばきを意識することなく運転することができます。

たまたま動作（運動）の例を挙げましたが、「思考の自動化」もあります。

身近に苦手な人がいると、彼・彼女のことをできるだけ考えないようにしようと、存在自体を意識から排除しようとします。そうなると、その人の姿を見たり、その人に関連する情報を聞いたりしただけでも、自動的にその存在を無視するようになる……。

家族の変化に気付かないのも「自動化」の結果でしょう。

毎日一緒に生活していると、家族の様子を注意深く観察することがなくなります。奥さんの具合が悪いということで、旦那さんが付き添って病院に来られるケースがありますが、見えているはずの病気のサインを、一番身近な人が見逃しているのです。これも「思考の自動化」によって、家族に対する特別な注意力が低下しているということでしょう。

◆脳には怠けグセがある？

「自動化」に関わっているのは、小脳と海馬です。

小脳は行動・学習を、海馬は記憶を司っているので、この2つがセットで機能すれば、高度な思考を経由せずに、「自動化システム」が作動するのです。

では、なぜ「自動化」が起きるのでしょう。

それは、人間が楽なほうに流れやすい生き物だからです。

より厳密に言えば、脳が負担のかからないほうを選びたがるからです。これは脳の学習の「副作用」と言っていいかもしれません。

これは、皆さんも感覚的に納得できるのではないでしょうか。

そもそも、煩《わずら》わしいことを進んでやりたがる人などいません。

複雑で面倒なことは考えないで、省エネで生きていくほうがずっと楽です。

でも、「楽なこと=良いこと」かと言えば……答えはノーです。

「自動化」は、いわば私たちが生きていく上での知恵ですが、それが将来にわたっても、私たちの人生に良い効果をもたらすとは限りません。

私たちは、小脳と海馬によってつくられた「自動化システム」によりかかることなく、絶えず脳に新しい課題を与えていかなければならないのです。

◆30を過ぎたら〝慣れ〟に注意！

30歳を境に、「自動化」について改めて見直してみるべきではないか――。

私はそんなふうに考えています。

人は、成長する過程で、脳が「自動化」するように徹底的に教育されます。

たとえば、学校では漢字の書き取りや算数の初歩的な計算などを、体（手）が自動的に動いてしまうほど何度も何度も繰り返し習得させられますし、家庭でも礼儀作法などをしつこく教え込まれます。

誤解されると困るのですが、「自動化」が悪いわけではありません。

「自動化」そのものは、人が社会生活を営む上で欠かせないものです。

ただ、その「自動化」が脳にもたらす影響が、ある時期を境に変わってくるのです。

もともと私たちの脳は、生まれたときには未熟で不完全な状態です。だから、脳の各部分がお互いに連携しながら、どうにかこうにか全体を動かしながら成長していきます。

その過程で、より効率的に物事を処理するために「自動化」が進みます。

この「自動化」の意味が変わってくるのが、30歳頃なのです。

30歳になれば、もう学生ではありませんから、さほど知識を詰め込む必要はなくなります。また、仕事に関しても、覚えることは新人の頃より少なくなっているでしょう。

持っている知識や経験を使えば何とかなるという状況では、人はそれなりに自信が生まれ、物事を「慣れ」で進めようとします。

そうなると、何が起きるでしょうか？

そう、マンネリです。

30歳以降は、本来なら自分の好きなことや得意なことを伸ばしながら、個性的な脳をつくっていかなければならない時期です。

それなのに、「慣れ」に任せていると、脳に新たな刺激を与えることができません。そうなると、結果として新たな欲求が生まれないのです。

これは、林の中で同じ場所を何度も歩くうちに、そのルートが踏み固められて自然と道になっていくように、脳の中で同じ回路が繰り返し使われ、強く（太く）なっている状態だと考えてください。

もちろん、回路が強くなるのは喜ばしいことです。

しかし、林道でも、人が歩かない場所は草が伸び放題になってしまうように、脳も「自動化」された回路ばかり使っていると、それ以外の場所を開発することができません。

当然ですが、開発されない場所からは、新しい欲求が生まれることはないのです。

そう考えると、欲求の発生と育成を妨げる一番の敵は「慣れ」であることがわかります。

だから、私たちは、「脱・自動化」を目指さなければいけません。

とくに30歳を過ぎたら、「脱・自動化」生活は必須なのです。

では、「脱・自動化」とは、具体的にどういうことなのでしょう？

◆習慣を変える勇気を持とう

「脱・自動化」とは、一言で言えば、生活の中から〝慣れ〟を排除するということです。「いつも同じことをしているなぁ」と感じることがあれば、少し違った方法でやってみる。あえて今まで経験していなかったことに挑戦して、カチカチに固まった脳に揺さぶりをかける。これが「脱・自動化」です。

そのためには、日常の習慣をじっくり見直してみる必要があるでしょう
生活の中で、いつも当たり前のように続けている習慣がないか、考えてみてください。あれば、思い切って変えてみましょう。

何も急激に変える必要はありません。これまで疑いを持たずに続けてきた行為を、ほんの少し変えるだけでいいのです。

習慣を変えるのは面倒なことかもしれません。

誰しも「うまくいっているんだから、このままでいいよ」と思うでしょう。

しかし、一面だけを見て、「うまくいっている」と考えていないでしょうか。

脳の中の未開発エリアは、どんな人にもあります。

このエリアを開発するには、日常の習慣・思考の枠組みを見直すしかないのです。

特別なきっかけもないのに、習慣を変えることには勇気が必要でしょう。

それでも、やはり一歩を踏み出さなければいけません。

なぜなら、脳の衰えは待ったなしだからです。

私たちの脳には、「潜在能力細胞」といって、生まれたときから同じ状態を保っている細胞があります。この細胞は、100歳を過ぎてもまだ、脳内に存在しています。

考えてみれば、これはすごいことではないでしょうか。

胎児のときに母親から受け継いだ細胞が、あなたから刺激を受けるのをずっと待っているのです。ところが、新しい経験をしなければ、目覚めないまま放置されてしまうのです。

人の体の中に、「眠っていたい」細胞はひとつとしてありません。脳細胞もまた、例外なく成長したがっています。つまり、私たちの体には、「成長したい」「変化したい」という欲求が眠っているのです。その欲求を刺激し、大きく育ててあげることが、脳をイキイキと輝かせることにつながるのです。

次章から、欲求を育てる（引き出す）トレーニングをご紹介していきます。
まず、トレーニングの目的をより良く理解していただくために、もう一度「脳番地」という考え方について触れておきましょう。

77ページで触れたように、私たちの脳には「思考系、感情系、運動系、聴覚系、視覚系、伝達系、理解系、記憶系」という8つの脳番地があります。

本書では、この8つの脳番地を「欲求の開発（育成）」という観点から3つのカテゴリーに分類し、それぞれの分野で有効なトレーニングを提案しています。

3つのカテゴリーとは、以下の通りです。

- ●コミュニケーション系欲求育成（思考系、理解系、伝達系）
- ●感覚系欲求育成（視覚系、聴覚系）
- ●感情系欲求育成（感情系、思考系、記憶系）

※運動系脳番地は、とくにジャンルを問わず、全般的に影響する。

これらのトレーニングの狙いは、「脱・自動化」、つまり、普段の習慣を見直し、新鮮な経験をすることで、脳に刺激を与え、新しい欲求を生み出すことにあります。

もっとも、欲求を「育てる」トレーニングも大切ですが、その前段階として、欲求そのものを見つけるトレーニングも欠かせません。

ですから、「欲求発見トレーニング」の章も設けました。

さらに、前述したように、左右の脳の交流がうまくいかないと欲求が偏ってしまいますから、右脳と左脳、２つの脳をバランスよく刺激するトレーニングも用意しました。

トレーニングは順番通りやってもいいですし、気になるものから試しても構いません。

大事なのは、とにかく新しい経験をして脳に刺激を与えること。

そして、その結果、新しい欲求を生み出すことです。

適度な欲求を生み出し続けるサイクルができれば、あなたの脳は枯れることなく、着実に成長するはず。だとすれば、試してみない理由はありません。

では、さっそくトレーニングを始めましょう!!

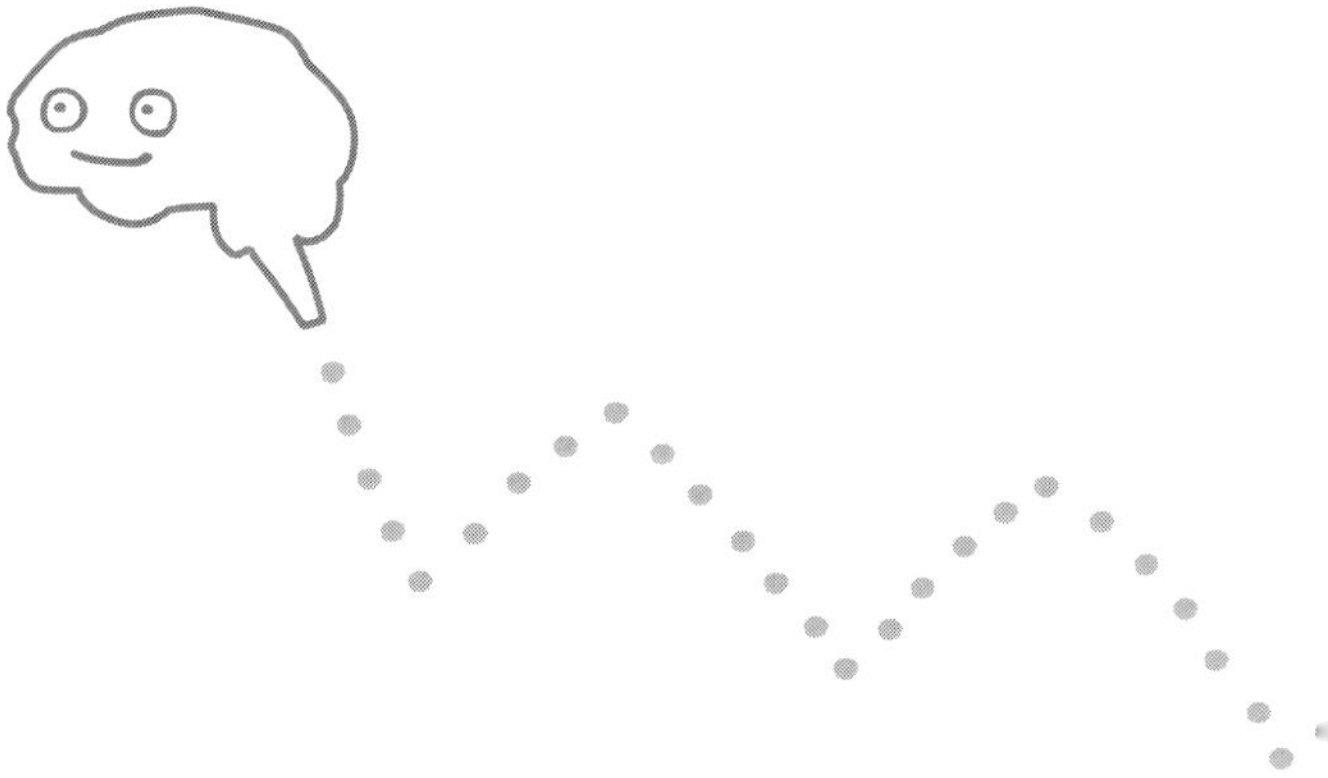

Chapter
5

欲求発見トレーニング

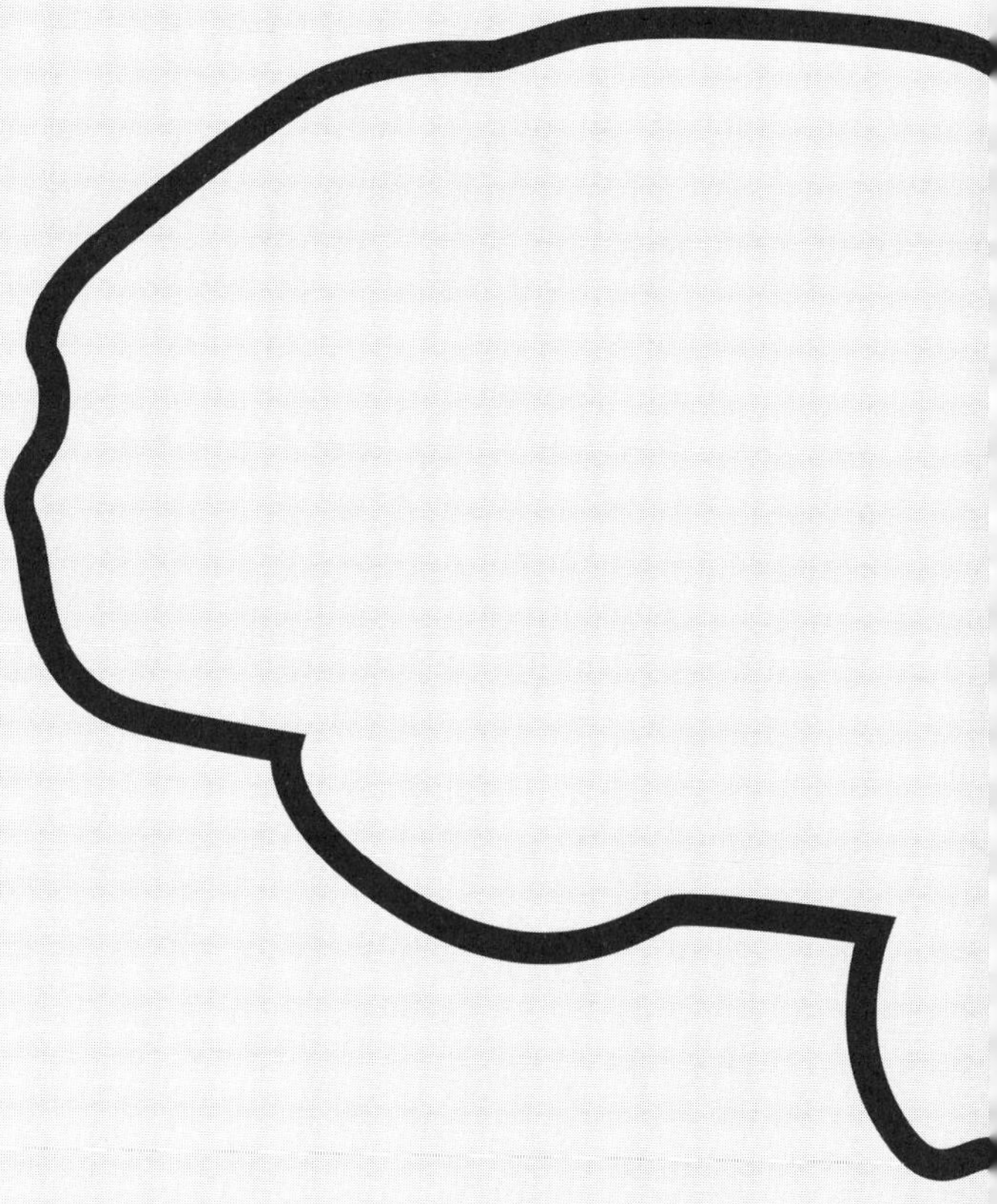

欲求発見トレーニング

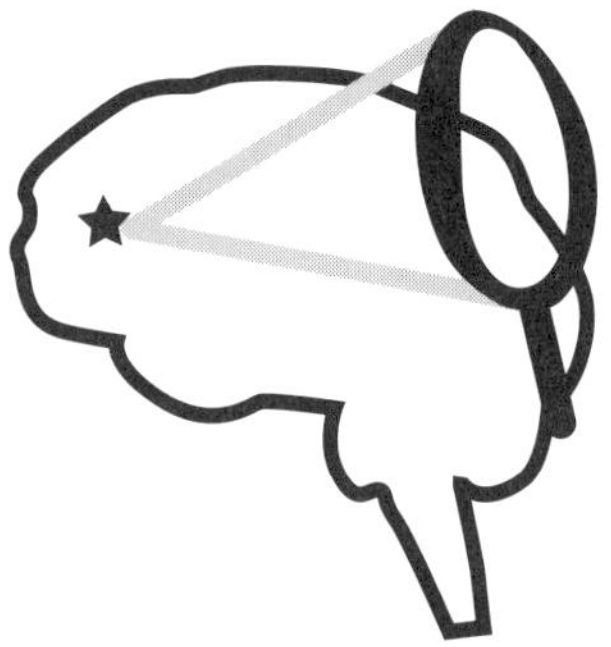

自分の中に眠っている欲求を
掘り起こし、発見する。

変化のない生活を送っていると、新しいことを始めるのがどうしても億劫《おっくう》になります。また、そもそも何かを始めようという気持ちすら起きなくなります。

これは、脳にとっては危険な信号。

脳は常に新しい情報や経験を求めていますが、それらを獲得しなければ、成長はストップしてしまいます。そして、その獲得を実行する原動力こそが、欲求なのです。

その欲求が弱くなっているとすれば、新しい欲求を見つけ、育てなければいけません。

それがこの章で扱う、欲求発見トレーニン

グです。

「欲求なんて、探さなくてもドンドン出てきますよ！」という人もいるでしょうが、トレーニングを実践することで、思わぬ欲求が見つかることがあるかもしれません。

欲求発見トレーニングでは、とくに刺激する脳番地を限定していませんが、「～したい」という欲求が生まれやすくなる環境をつくることを目的としています。

「何もやる気が起きない」

という人も、

「日常をちょっとだけ変えてみたい」

という人も、気になったものから試してみてください。

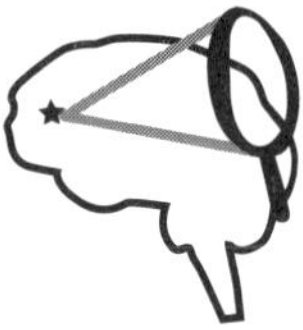

1 毎月1日だけ〝何でも許すデー〟をつくる

チャプター2でも触れましたが、私たちは、日々欲求を抑えながら生きています。

「自分はやりたいことがあるのに、○○のことを考えるとできない」

「本当はしたくないのに××と思われるのがイヤだから、仕方なくやる」

こんなふうに、本当の欲求を押し殺してしまう場面は少なくありません。

しかし、その抑圧度が高すぎるのもまた、考えものでしょう。

糖尿病の治療のために定期的にインスリンを注射している患者さんに、月に1度、様子を見て「食事制限解放デー」を設けたことがあります。

結果、その患者さんは、その後の食事管理がスムーズになり、血糖値のコントロールが安定しました。

高校生の喘息《ぜんそく》の患者さんには、ときどき「生活不規則デー」をつくってあげると、喘息の発作を起こさないように自ら生活管理ができるようになったというケースもあります。

このように、月に1日だけ、自分の欲求を全肯定する日をつくるのです。

●ランチに1品追加したいけど、懐事情やダイエットのことを考えるとできない……
↓気にしないで追加する
●定時に帰りたいけど、残業している人のことを考えるとできない……
↓「お先に失礼します」と言って断固として帰る
●前から買いたかった靴が2足。どちらを買うか……
↓迷わない。両方買う

こんなふうに、可能な限り自分の欲求を認めてあげましょう。

ところで、なぜ、このような〝ガス抜き〟が必要なのでしょうか。

脳は単純かつ不器用なので、複数の欲求があるときに、ひとつだけスイッチを入れるということができません。意識に上っているいくつかの欲求の中で、ひとつの欲求を止めようとすると、別の欲求も影響を受けて止まってしまうのです。

だから、「最近、やる気が出ないな……」というときは、実は、あるひとつの我慢が原因になっていることがあります。ひとつの欲求を我慢することによって、他の欲求も我慢することになり、結果として脳全体が働かなくなってしまうケースがあるのです。

欲求を抑えすぎて脳の働きが低下する前に、〝何でも許すデー〟で自分を解放してあげましょう。

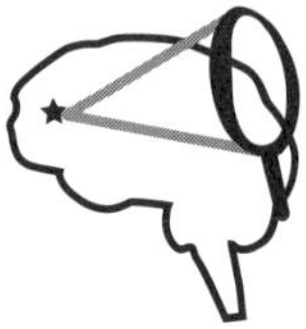

2 スーパーマーケットのチラシを眺める

「先生、最近、何もやる気がしないんです……」

こんな相談を受けることが、たまにあります。

疲れているのか、気持ちが萎えているのか、いずれにせよ、そういう悩みを抱えている人は、欲求も低下しがちです。

どうしてもやる気が起きない場合は、気分が回復するまで静かに待つのが得策なのですが、ひとつの方法として、圧倒的な量の情報に触れるという方法があります。

たとえば、食事をするなら、あえてホテルのランチバイキングに行ってみる。食欲がなくても、所狭しと並んでいる料理を目にすると、1品くらいは皿に取りたくなるものです。

ノートが必要になったら、近くのコンビニではなく、少し遠くても文具専門店まで足を運んでみる。そこで豊富な種類のノートを眺めていると、

「これよりあっちのほうが、スッキリしたデザインだな」

「これは他のノートと違って、ちょっと高級感があるぞ」

最初は「何でもいいや」と思っていたのに、いつの間にか目移りしてしまって、「より満足するものを手に入れたい」という欲求がムクムク膨らんでくるから不思議です。

スーパーマーケットの折り込みチラシをボーッと眺めてみるのもいいでしょう。

スーパーのチラシは、特売品が一番目立つようにレイアウトされていますが、それ以外にもいろいろなアイテムが掲載されていて、見ていると飽きません。

何の気なしに見ていても、興味をひくものが何かしら見つかるものです。

では、なぜ、この行為が欲求の発生に結びつくのでしょうか。

視覚系脳番地は、感情系脳番地と結びつきやすい側面を持っています。

ですから、視覚によって大量の情報を取り込むと、同時に「面白そう」「楽しそう」といった感情の変化が生まれるのです。

そうなれば、この肯定的な感情がトリガー（引き金）になって、新たな欲求が生まれやすくなるというわけです。

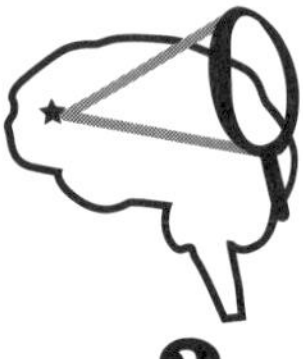

3

女性は立ち食いそば、男性はパフェを食べる

人にどう思われるかを気にしすぎていては、本当の欲求を追求することはできません。

そこで、他人の視線をはねのけるトレーニングを提案します。

女性は、駅などにある「立ち食いそば」で食事をし、男性は「パフェ」を食べる。

これが、そのトレーニングです。

この場合、食事そのものはあまり問題ではありません。一般的には、どちらも「入りにくい」「注文しづらい」ものだと思われますが、それをあえて実行することで、脳に得難い経験をさせるのです。

ある営業マンから、こんな話を聞いたことがあります。彼は人からどう見られているかが気になる性格で、「いつもまわりの視線を気にしてしまうんです」と話していました。

8月のある日、吹き出す汗を拭いながら街を歩いていると、商店街の一角に行列ができていたそうです。見ると、そこはアイスクリーム屋さんで、子どもや女性がおいしそうにアイスを食べていたと言います。

「すごく食べたかったんですけどねえ。さすがに大の男がスーツ姿でアイスを食べているって変でしょう?」

私はちっとも変だとは思いませんでしたし、「そんなに我慢しないで食べればいいのに」と不思議に思った記憶があります。

この営業マンは、わき上がってきた自然な欲求を、ただ他人の視線が気になるという理由で抑圧してしまったのでしょう。

他人は心配するほどこちらのことを見ていないものです。なのに、よけいなことを考えすぎて脳を刺激する機会を失うのは、もったいないと思いませんか?

「先入観」や「思い込み」が強いと自覚している人は、このトレーニングを一度試してみてください。

4 16歳だと思って生活する

私はよく、取材や講演などで、「自分は今、28歳だと思って生きています」と話すことがあります。

こう言うと、「まったく同感です！　私も永遠の17歳です」と賛同されたりするのですが、別に自分の年齢を若めに申告したいということではありません。

そういう意識を持って生活することが、脳に良い影響を及ぼすからなのです。

実年齢より若い意識で生きることには2つの意味があります。

ひとつは、先入観を持たないようにするため。

人は年齢を重ねると、自分がある程度の知識や経験を持っていると過信してしまいます。

本来、脳にはどんどん新しい情報を入れなければならないのに、

「ああ、それは知っているよ」

「どうせ、○○ってことでしょ？」

と、先回りして情報や経験をシャットアウトしてしまうのです。

これでは、脳が成長する大事な機会を失うことになりかねません。

そこで「自分はまだ若い」「知らないことはたくさんある」と思うことで、先入観にしばられなくなる、というわけです。

もうひとつは欲求を抑え込まないようにするため。

30代、40代、50代と年をとるにつれて、私たちは、どこかで「もう若くないから……」と考えてしまうところがあります。だから、合コンに誘われたり、普段着ないような色の洋服をすすめられたり、スポーツのイベントに行こうと言われたりしても、「いいよ、もう若くないし……」と、やんわりと断ってしまいます。

でも、これは、年齢を言い訳にしているだけのように、私には思えます。

もし、興味があるのに、人からどう見られるか、足手まといにならないかということを考えて、その欲求を抑えてしまうのだとしたら、もったいないことです。

もし、あなたが28歳だったら……

いいえ、もっと思い切って16歳だったら、どう感じて、どう行動するでしょうか？

意識を変えることで、思い切ってチャレンジすることはもっと増えるはずです。

これまで見えなかった（見ようとしなかった）欲求を見つけるためにも、今、この瞬間から、あなたの時計を16歳まで巻き戻してみてください。

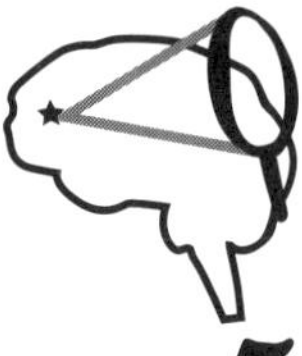

5 妄想ノートをつくる

20歳の頃、頭に浮かんだことを、思いつくままにノートに書き留めていたことがあります。哲学的な思想の断片から、日常生活のメモ、果ては恋愛に関する事柄まで、とにかく手当たり次第に文字にしていました。

時々読み返して恥ずかしい気持ちになっていたのですが、もちろん、誰かに見せるつもりなどありませんでした。だから、「石に吐息を刻む音」という、すぐに中身が想像できないようなシュールなタイトルをつけて、しばらく書き続けていました。

気ままな記録なので、書き方のルールはありません。考えが文章によって記されていることもあれば、自分だけがわかるキーワードを書きつけただけ、ということもありました。

これを応用すれば、欲求を発見するトレーニングになります。

その名も「妄想ノート」。

やりたいこと、行きたい場所、会ってみたい人など、頭に浮かんだ欲求をノートに書き留めていくのです。

自分だけが見るものですから、「こんなことを書いたら……」と躊躇《ちゅうちょ》する必要はありません。やりたいことを、何でもメモしていけばいいのです。

これは、視覚系、思考系、理解系の脳番地を鍛えることにつながります。

ポイントは、「書く」ということ。

頭に浮かんだことは、そのままでは漠然としたイメージにすぎませんが、文字にすることで、脳がその内容をより強く認識します。それによって、自分の欲求を客観的にとらえられるのです。

脳は方向性が明確に示されると、それを実現しようとする性質があります。ですから、文字によって認識された瞬間、その欲求は実現に向けて動き出し始めるのです。

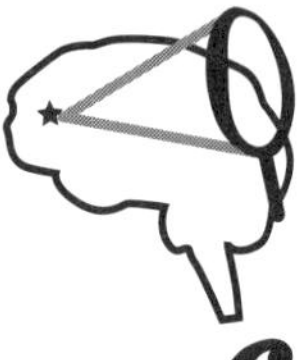

6 準備に時間をかける

やりたいことはわかっているのに、なかなか行動に移れず、もどかしい思いをする……。そんな経験はないでしょうか。

小学生の頃、左利きを右利きに矯正するために、習字を習っていたことがあります。

先生には、水から墨をするように言われました。

黒くドロドロになるまで墨をするのですが、その時間が、私にはとても長い時間のように感じられました。

ずっと手を動かしていると、「書きたい」という思いが抑えられなくなってきます。

我慢できなくなって、先生に「もう書いてもいいですか？」と聞くのですが、どれだけ手を動かしても、「いや、もう少し」と同じ言葉が返ってくるばかり。

そうこうするうちに、書きたいという欲求は、さらにムクムク膨らんでくるのでした。

こういう状況では、脳はどうなっているのでしょうか。

準備をしている間、頭の前方（前頭葉）にある思考系脳番地と、頭のてっぺんからやや後ろ（頭頂葉）にある理解系脳番地が、お互いに連携したまま、アクションを始めるタイミングを待っています。

待機状態が続くと、脳に負担がかかるのではないかと思うかもしれませんが、そうではありません。

むしろ、すぐに行動に移る場合と比べて、理解と思考が深くなるため、より高いモチベーションでアクションに移ることができるのです。

野球のイチロー選手やサッカーの本田選手は、試合の数時間前に競技場に入って準備を怠らないと言いますが、この待機状態のまま、勝ちたいという欲求を極限まで高めているのではないかと想像します。

とくにサッカーは、90分の試合の中で、ひとりがボールに触れられる時間は5分程度と言われます。その限られた時間の中で良いプレーをするには、いかに確実にボールを受けるか、いかに的確にパスを出すかの準備が欠かせません。

このように考えると、プロのスポーツ選手は、じっくり準備をすることの意義を本能的に理解しているのかもしれません。

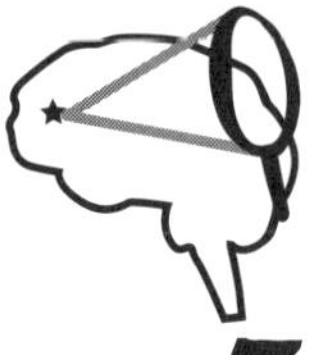

7 ブロックで街をつくる

子どものおもちゃでも、脳を刺激することができます。

たとえば、ブロック。

子どもはブロックの小さなピースを組み合わせて動物や建物などをつくって遊びますが、このブロックを使って、理想の「街」をつくってみましょう。

ところで、ブロックは欲求と、どんな関係があるのでしょうか。

ブロックで街をつくる場合、まったくゼロの状態から「都市計画」をつくっていくことになるわけですが、ポイントはここです。

考えてみてください。

普段の生活の中で、最初から自分の好きなように計画して、実行できるものはどれくらいあるでしょうか？

会社で、あなたがあるプロジェクトの責任者になったとしましょう。

「リーダーとして自由にやってくれ」と言われたとしても、そこには予算やスケジュールなどの面でさまざまな制約がありますし、チームのメンバーの思惑もあります。

何より、会社の意向を無視するわけにはいきませんから、いくら責任者とはいえ、好き勝手に決定を下すことはできません。

あるいは、家を建てるとします。

壁や床を自分の好きな色で統一しようと思っても、一緒に住む家族がいれば、その要望を無視することはできません。いくら白にしたいと思っても、「汚れるからやめようよ」と言われたら、その意見も含めて再検討しなければいけません。

しかし、ブロックで遊ぶときには、そんな心配はいりません。好きなところに道路を通し、好きな場所にビルを建てればいい。どこに何を配置しても、あなたを咎《とが》める人はいません。この万能感が、欲求を引き出してくれるのです。

脳にとって重要なのは、イメージが具現化されていく過程です。

頭に浮かんだ街の像が、視覚と触覚を通じて1つひとつ形になっていく。

これが、日頃動かしていない場所を刺激することになります。

「いい年して子どものおもちゃで遊ぶなんて……」と馬鹿にせずに試してみてください。

その遊びこそが、脳に新しい経験を与えることになるのです。

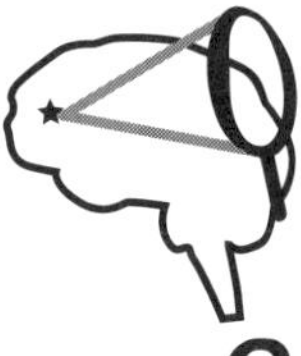

8 音を消してテレビを観る

人間の脳には、ひとつして同じものはありません。それは、人がそれぞれ異なる成長を遂げ、異なるものに興味を持つからで、その違いが脳に「個性」を与えるのです。

ですから、人より聴覚系脳番地が発達している人もいれば、視覚系脳番地が活発に動く人もいます。前者は「聴きたい人」、後者は「見たい人」です。

このように、人はそれぞれ欲求の現れ方が異なります。

ここでご紹介するのは、自分の中で強いと自覚している欲求を我慢することによって、さらに強化しようというトレーニングです。

たとえば、聞き上手で、自分から話すより人の話を聴いていたいという人がいるとしましょう。そういう人は、テレビを観るときに音声を消してみてください。映像を見ながら、流れを追うのです。

いつもは音から積極的に情報を得ているのに、それができない。そうなると、画面に映っている人物が何を言っているのか「聴きたい」という欲求が高まります。

逆に、視覚系の欲求が強い人なら、目を閉じてテレビを「聴き」ます。

すると、何が起きているのか、目を開けて確かめたくなるでしょう。

このように、普段満たしている欲求をセーブすると、その欲求が強くなり、さらに追求したくなるのです。

「～したい」という欲求が高まれば、満たされるまでの期待感は高くなります。

それだけに、いったん欲求が解消されれば、その満足感が新たな欲求を生みます。

こうしたサイクルが繰り返されることで、欲求が強化されていくのです。

とはいえ、我慢しすぎて〝欲求の暴走〟を引き起こさないように、ご注意ください。

9 カフェでひとりの時間をつくる

あるとき、50代の女性からこんな相談を受けたことがあります。

「先生、私が本当ににやりたかったことって何でしょう？」

それを聞いて私は、「自分のことなのに、なぜわからないんだろう……」と不思議に思いましたが、よくよく話を聞いてみると、こういうことでした。

彼女はずっと、たいへんな苦労を強いられながら生きてきました。

夫の仕事が忙しく、そのサポートをしなければならない。

その一方で、小学生の娘が不登校になってしまった。さらに、同居中の義母が認知症になり、そのケアもしなくてはいけない……。

そんな生活では、自分のことは後回しになってしまいます。

彼女はずっと、家族の誰かのために生きてきたのでした。

ところが、夫の仕事が無事に軌道に乗り、子どもも学校に行けるようになり……と問題が1つひとつ解決していくにつれ、ふと虚無感のようなものを感じたそうです。

そこで、発せられたのが冒頭の質問でした。

これまで家族に尽くしてきたけれど、結局は自分の「やりたい」「したい」を後回しにしてしまった彼女は、自由になる時間ができた途端、自分が本当に欲しているものが何なのか、わからなくなってしまったのでした。

彼女の話を笑い話で済ませてはいけません。

忙しい現代人は、自分のために割く時間がとても少なくなっているように感じます。

「自分がしたいこと（本当の欲求）は何なのか？」

この問いにすぐに答えられない人は、自分自身に向き合って、心の底をのぞき込む時間が不足しているということなのです。

そういう場合は、強制的にでも時間を確保しなければいけません。

長い時間が取れないなら、カフェでコーヒーを飲むわずかな時間でいいので、自分が今、何をしたいのか、考えてみましょう。

こういう時間は、多忙な男性にこそ必要なのかもしれません。

私はよく、講演で「あなたがしたいことを、10個挙げてください」と言いますが、そのとき10個すべてを挙げられないのは、ほとんど男性だからです。

あなたはいかがでしょう？　10個の欲求をすぐに挙げられますか？

脳にまつわる数字

280万人

高齢化社会が進むにつれて、「認知症」が大きな問題となっています。

日本国内では、約 280 万人もの人が認知症高齢者だという※報告があります。

認知症とは、脳の細胞が死んでしまったり、うまく働かなくなったりして、記憶障害や妄想、抑うつ状態などが現れ、その結果、生活に支障をきたすような症状のことです。

がんや心臓病から生還した人はいても、認知症の約 60%を占めるアルツハイマー病（AD）から生還した人はひとりもいません。

その意味では、とても恐ろしい病気なのです。

AD に関する多くのことは、まだよくわかっていません。また、現時点では、特効薬も見つかっていません。

ですから、原因も明らかではないのですが、ただ、自分の世界に閉じこもって、活動的でない（活動量が少ない）人は、日常生活から受ける刺激が少ないぶん、認知症にかかりやすいと言えるでしょう。

幸せな老後を送るためには、人と会い、新しい場所を訪れ、脳にたくさんの経験を刻むことが大事なのです。

※参考：厚生労働科学研究「都市部における認知症有病率と認知症の生活機能障害への対応」（H25.5 報告）及び「『認知症高齢者の日常生活自立度』Ⅱ以上の高齢者数について」（H24.8 公表）より

Chapter 6

コミュニケーション系欲求育成トレーニング

コミュニケーション系欲求育成トレーニング

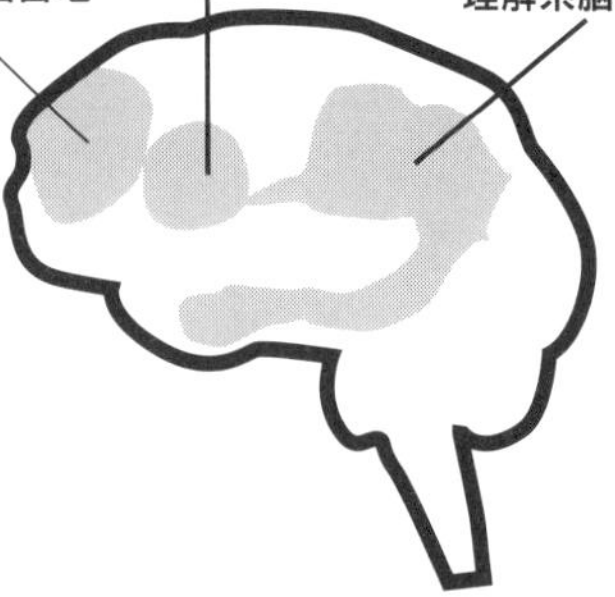

おもに思考系脳番地、伝達系脳番地、理解系脳番地が刺激を受ける。

欲求にはさまざまなものがありますが、その多くは人と人との関係性の中で生まれるものです。そこで、コミュニケーションの方法を変えたり、コミュニケーションの相手を変えたりすることで、新たな欲求を生み出そうというのが、ここで取り上げるトレーニングの目的です。

一口に「コミュニケーション」といっても、その手段は言葉だけではありません。

トレーニング***16***のように、相手の表情やしぐさなどを観察しながら、その人の気持ちを推し量ることもまた、立派なコミュニケーショ

ンでしょう。
そして、どんなコミュニケーションにも、その根底には相手のことを理解しよう、自分のことを伝えようという欲求があるはず。
そうした、普段あまり意識しない欲求の存在に気づくことも、コミュニケーション系欲求育成トレーニングの隠れた意図なのです。
ここで取り上げるトレーニングを実践するときは、伝達系脳番地や理解系脳番地、思考系脳番地はもちろん、聴覚系脳番地、場合によっては感情系脳番地が刺激されます。

10 5人以上の「知らない人」と会話をする

人は、1日に平均何人の人と「会話」をするのでしょう。その数は、仕事や住んでいる場所によっても違うでしょうし、性格や人との関わり方によっても、差が出ると思います。

では、その中に「初対面の人」は何人くらいいるでしょうか。

このトレーニングは、家族でも同僚でも学校の友だちでもない、まったく見ず知らずの人と話すことを、毎日心がけようというトレーニングです。

以前、アメリカに留学していたときには、研究を最優先していたので、服装も見た目もまったく気にしませんでした。気がついたら、誰とも丸1日言葉を交わさなかった……という日もあったほどです。しかし、これは脳にとって良い環境ではありません。

私たちは、人と話すときに膨大な情報を受け取っています。

このときの「情報」には、言葉だけではなく、表情やしぐさも含まれます。

これらの情報は刻々と変化するものですから、的確にとらえなければトラブルに発展することもあるでしょう。だから脳は、人と対話をするとき、聴覚系はもちろん、理解系、伝達系など、さまざまな番地をフル稼働させるのです。

ならば、脳を鍛えるために、より多くの人と会話をするように意識すべきです。

ただ、その相手が家族や友人であれば、コミュニケーションに「慣れ」が生まれてしまいます。そこで、見ず知らずの人に話しかけてみるのです。それも、ひとりだけではなく、3人、あるいは5人というように具体的な目標を定めて実行してみてください。

初対面の人と話すようなシチュエーションは、それほど多くありません。

しかし、まったくないわけでもない。

停留所で、自分と同じようにバスを待っている人と「遅いですね」と話す。

飲食店の店員さんと、天気の話をする。

オフィスに出入りする清掃スタッフの人に、労いの言葉をかける。

……こんなふうに、話しかける場面は、探せば意外とあるものです。その際のポイントは、年齢や性別などの面で、自分とできるだけかけ離れている人に声をかけること。

相手が子どもやお年寄りなら注意深く話を聞こうとするでしょうし、何を話そうとしているのか、懸命に理解しようとするでしょう。

初対面の人との会話は、脳に対する刺激の宝庫なのです。

11 家族行事を増やす

一番身近な他者といえば、やはり「家族」ではないでしょうか。

反発することもあるでしょうが、お互いの気持ちを直感的に理解し、無条件で信頼できるという意味では、特別な存在だと言えるでしょう。

その家族と過ごす機会を増やそうというのが、このトレーニングです。

「家族行事」といってもむずかしく考える必要はありません。

ハイキングに行く、近所の公園でサッカーやキャッチボールをする、ドライブに出かける……というように、気軽にできるイベントでいいのです。

家族というのは、普段一緒にいても、意外とお互いのことを理解していないものです。

だから、改めて話す機会をつくると、

「ああ、母さんは、そんなことを思っていたのか」

「兄ちゃん、そんなふうに感じていたんだな」

という発見があります。

これは、家族の別の面に気付くことになり、コミュニケーションが深くなることを意味しています。ですから、伝達系脳番地だけではなく、理解系脳番地にも刺激が加わることになります。

このトレーニングは、家族と離れて暮らしている人にとっては、とくに効果があります。

ある患者さんが、こんな話をしてくれました。

その方は、19歳のときに地方から上京し、以来、大学を卒業後も、ずっと東京で働いていました。あるとき、久しぶりに帰省をして、老いた母親と一緒に旅行に行ったそうです。そこで、30年前の思い出話をしたところ、母親の発言を聞いて、ふと、目の前の人物は、自分の知っている母親と同一人物なのだろうか……と疑問を感じたと話してくれました。

もちろん、違う人物であるはずがないのですが、脳というフィルターを通して見ると、この感覚は、あながち間違いではありません。

なぜなら、お母様の脳は、さまざまな経験を積んで20年前のお母様の脳とは、まったく違うものになっているからです。もちろん、この患者さんの脳も、同じように変化していることは言うまでもありません。

こんな発見があるのも、家族行事ならでは、なのです。

12 別れ際に握手をする

私はよく、人と握手をします。お互いに話が盛り上がって、脳が共鳴し合うように有意義な時間を過ごせたときには、別れ際に固い握手をします。

握手をするのは、仕事の相手だけではありません。

毎朝、次男と一緒に家を出て、途中でそれぞれ「クリニック」「学校」という、別々の目的地に向かうのですが、そのとき、握手をして別れることが日課になっています。

日本人は、欧米人と違って、握手をする習慣がありません。

だから、私が手を差し出すと、一瞬、「エッ？」と戸惑う人もいます。

でも、握手をすると、相手との距離がグッと近くなるような気がしませんか？

実際、私の話を聞いた、ある教育関係者の方が、学校で握手を奨励したところ、生徒間の理解が深まって、いじめが激減したと話してくれました。

ところで、なぜ握手は相手との距離を縮めるのでしょうか。

人は、どんなに内容の濃い会話をしていても、言葉でやりとりしているだけでは、脳の一部を使っているにすぎません。「脳の一部」とは、具体的には、伝達系脳番地や理解系脳番地の一部です。

もちろん、これだけでも意思疎通を図るには十分でしょう。

しかし、「握手」というアクションが加わると、それは肌の感覚を通したコミュニケーションになります。

握った手から、温もり（温かい／冷たい）、握り方（強い／優しい）、硬さ（柔らかい／硬い）など、相手のさまざまな情報が得られます。

また、こちらの手を両手で包んで感謝を示す人がいるかと思えば、面倒くさそうに事務的に済ませる人もいるでしょう。

単純に手を握るという行為から、私たちは、このように言葉以外の多くの情報を脳に伝えることができるのです。

親しい人、初めて会った人、お年寄り、子ども、男性、女性……。

いろいろな人と握手をしてみてください。いつもとは違ったコミュニケーションのやり方に、脳が喜んでいることがわかるはずです。

13 得意なものを教え合う

たとえば、イラストを描くのが上手なAさんがいたとします。

動物や子どものかわいらしいカットや、架空の物語のワンシーンなどを、短時間でササッと描くことができる。本人にとって、それは何の造作もないことです。

ところが、絵が苦手なBさんにとっては、なぜAさんがうまく描けるのか、わからない。だから、そのコツを知りたいと思います。

一方、Bさんは、絵は苦手だけど料理は得意。冷蔵庫の中の余りもので、手早くおいしい一品をつくれます。材料を見た瞬間に、料理の完成形を思い描けると言います。

このように、得意分野は、人それぞれ違うもの。

それなら、その得意なものを教え合おう……というのが、このトレーニングです。

いわゆる言語交換（Language Exchange）も、この一種かもしれません。

これは、学びたい言語を「交換」するように教え合うことで、たとえばアメリカ人に英語を教えてもらい、その代わりに、こちらが日本語を教える……といった具合です。

なぜ、この教え合いが、脳のトレーニングになるのでしょうか？

それは、立場が「教える」「学ぶ」という形になると、それぞれの立場によって刺激を受ける場所が変わるからです。人に何かを教えるときには伝達系脳番地が動きます。「どう伝えれば、わかってくれるかな」と、コミュニケーションの方法を工夫するからです。

一方、学ぶほうは、相手の話をよく聞いて、その内容を取り込もうとするでしょう。この「聞き方」が、理解系脳番地を刺激することになるのです。

得意なものをお互いに教え合いながら、「もっとわかってほしい」「もっと知りたい」という欲求に火をつけましょう。

会話をしながら相手の目を手帳に描く

小学生の頃、私は人前で話すことが大の苦手でした。

定期的にセミナーや講演を行っている今、こんな話をしても誰も信じてくれませんが、実際、言いたいことの１００分の１も口にできない子どもだったのです。

だから、いつも大人の陰に隠れて、できるだけ表に出ないようにしていました。

人前で話さなければならないときには、小刻みに震えながら話していたほどです。

原因は、「視線」に対する恐怖でした。

相手がこちらをジッと見ていると、その視線を受け止められず、すぐに目を逸らしてしまう……。他人とそんなふうに接していましたから、周囲にオドオドした印象を与えていたかもしれません。

今思うと、当時の私は、相手に恐れを抱いていたのではなく、多くの情報を受け取りすぎて混乱していたのだと思います。

情報を理解して処理できないから、相手の目をまともに見ることができない。

このことを裏付けるように、「視線恐怖症」の人の脳画像を見ると、右脳にある視覚に関する理解系脳番地の発達度が低いことがわかります。

相手の目を見なくても会話はできますが、そうしたコミュニケーションを続けていると、ますます相手の感情の変化を読み取れなくなってしまいます。これでは、誰かとコミュニケーションをしたいという意欲も起きません。

そこで、会話中の相手の「目」を描くことをお勧めします。

これは実際に、私がやったトレーニングです。

人と話をしているとき、メモをとるフリをしながら、相手の目を手帳やノートに描いてみるのです。スケッチをしているんだと思うと、相手の目を見ることが苦痛だと感じられなくなりました。それどころか、何となく分析力が強化されたような気さえしたのです。

いずれにせよ、私はこの方法で視線恐怖症を克服することができました。

もちろん、このトレーニングが、同じ問題を抱えている人すべてに有効とは限りません。

しかし、もし、あなたが他人と視線を合わせることに苦手意識を持っているのなら、試してみてください。会話が楽しく感じられるようになれば、それだけ、人と接する欲求も強くなっていくはずです。

15 「話さない日」をつくる

仕事でアメリカに滞在していたとき、一緒に暮らしていた家族が日本に一時帰国することになりました。そのとき、思うところがあって、しばらく連絡を取らなかったことがあります。日本語をしゃべらない（しゃべれない）状態で、自分がどれだけ過ごせるか、試してみたかったのです。

日本語でつぶやいたり考えたりするのをやめ、常に頭を英語漬けにしようと、自宅で当時のアメリカの人気テレビ番組「Ｘファイル」や「フェームＬＡ」ばかり観て過ごしました。ところがこのとき、ちょうど大学が休暇に入っていたため、自分が１週間くらい人と「会話」をしていないことに気がついたのです。

英語でも日本語でもいいから、とにかく言葉を発したくなった頃、たまたま同僚が電話をかけてきたので、２時間以上英語で話しまくった記憶があります。

私の場合は、環境が原因で「話せなかった」のですが、「話さない」という制約を自分に課せば、それが一時的なものだったとしても、立派なトレーニングになります。

毎月1日だけ、「話さない日」をつくってみましょう。

これは*1*の「毎月1日だけ〝何でも許すデー〟をつくる」と対になるトレーニングです。「何でも許すデー」は、欲求を積極的に育てようという趣旨でしたが、こちらは話す行為を抑制することで、コミュニケーションの欲求を強くしようという意図があります。

もちろん、まったく話さないとそれはそれで困りますから、「必要最低限のことだけを話す」という前提は設けておきます。

その上で、学校や職場、近所の人とは、あいさつはするけれど、それ以上の世間話はしない。電話がかかってきても出ない。ランチもひとりで食べる、という行動を実践する。

もちろん、メールやツイッターも禁止です。

ここまですると、自分の考えや気持ちを伝えられないことに徐々にフラストレーションがたまっていくでしょう。水に潜っているとき、呼吸が苦しくなって水面を目指すように、「話したい」という欲求が抑えられなくなるかもしれません。

それでも、頑張って我慢します。

こうして1日が終わるとき、自分の中のコミュニケーションに対する欲求が、いかに強かったのかが、ハッキリ実感できると思います。

16

黙ったまま2人で観覧車に乗る

遊園地に行くと、なぜかワクワクします。

それは子どもだけではありません。入園ゲートから一歩中に足を踏み入れると、大人も妙に気分が高揚してしまう。遊園地は、そんな不思議な空間です。

もともと、来場者に「非日常的な体験」をさせるための場所ですから、その意味では、どのアトラクションにも、脳に刺激を与える要素があると言っていいかもしれません。

それでも、アトラクションに乗るときには、脳の力がアップするように、工夫をして乗りたいものです。

たとえば、ジェットコースター。皆さんは、ジェットコースターに乗るとき、目を開けて乗りますか？　それとも目を閉じて乗りますか？

「目を閉じる派」は開けて、「目を開ける派」は閉じて乗ってみてください。

目を閉じると、いつ上下に動くのか、いつ左右に振られるのか、予測できません。そうなると、頭頂葉にある運動系脳番地が、必死になって位置情報を探ろうとします。

逆に、いつも目を閉じて乗っている人は、目を開けてみましょう（勇気を出して！）。目を開けていると、次にやってくる左右の揺れや回転という情報が、視覚を通じて取り込まれます。その結果、レバーを握る手に力を入れたり、足を踏ん張ったり、隣の彼女を心配する余裕を見せたり（？）といった行動を瞬時にとろうとするはずです。このとっさの判断が、思考・判断を司る前頭葉を鍛えるのです。

ここでは、もうひとつ、「観覧車」の乗り方を提案します。

観覧車は、カップルで乗る場合がほとんどだと思います。

2人きりの密室、きれいな夜景……。

そんなシチュエーションですから、当然ロマンチックなムードになるでしょう。

でも、あえて何も話さないで乗ってみてください。

言葉を交わさなければ、相手のことをよく観察します。

その観察によって得られた情報（表情や体の動き）は、前頭葉の思考系脳番地に集められて、「怖いのかな？」「楽しそうにどこを見ているのかな？」という推理をします。これは、相手の感情を推し量ることになり、情動を司る扁桃体を大いに使うのです。

コミュニケーションの手段は、言葉だけではありません。

言葉に頼らないからこそ、相手を深く理解できるということもあるのです。

脳にまつわる数字

2%と20%

1978年、アメリカのデカバン博士らの研究によって、女性の脳が最も重くなるのは、16歳から18歳までの間で平均1340グラム、男性の脳は19歳から21歳までの間で平均1450グラムだということがわかりました。

仮に体重60キロの人で、脳の重さが1300グラムだとすると、脳は体全体の約2％ということになります。

では、脳で消費される酸素はどれくらいの割合だと思いますか？

実は体全体の約20％。5分の1の酸素が、脳だけで消費されているのです。

これだけ見ても、脳が他の臓器と比べて、どれだけ多くの酸素を必要としているかがわかるでしょう。

脳が活発に動くと、それだけ多くの酸素が使われて、酸素が足りなくなります。

このとき、脳は素早く血流を増加させ、新鮮な血液を供給させるための微調節を行います。細い血管が詰まって、この酸素調整機能がうまく働かず、組織が死んでしまうのが「脳梗塞」という病気なのです。

Chapter
7

感覚系欲求育成トレーニング

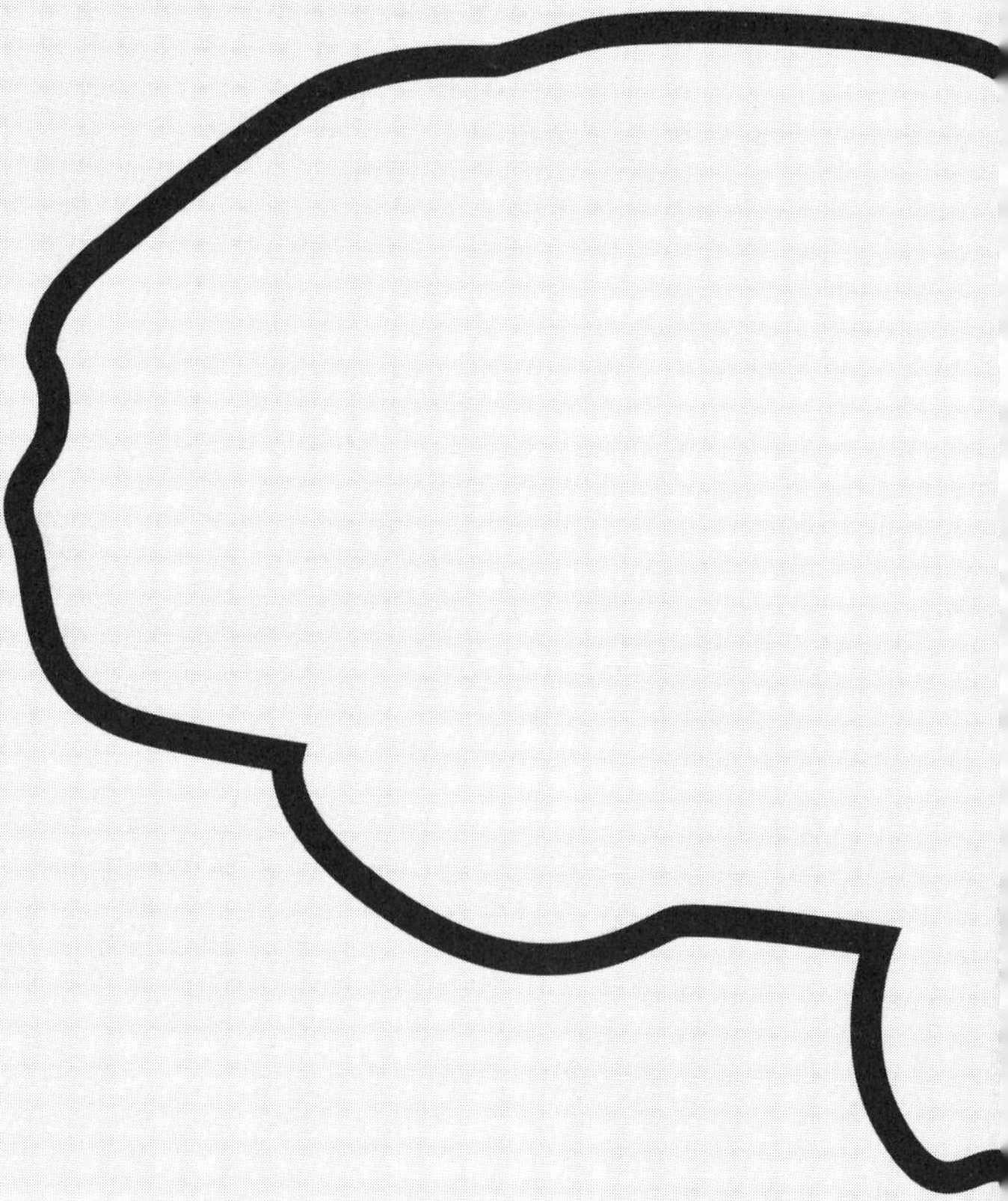

感覚系欲求育成トレーニング

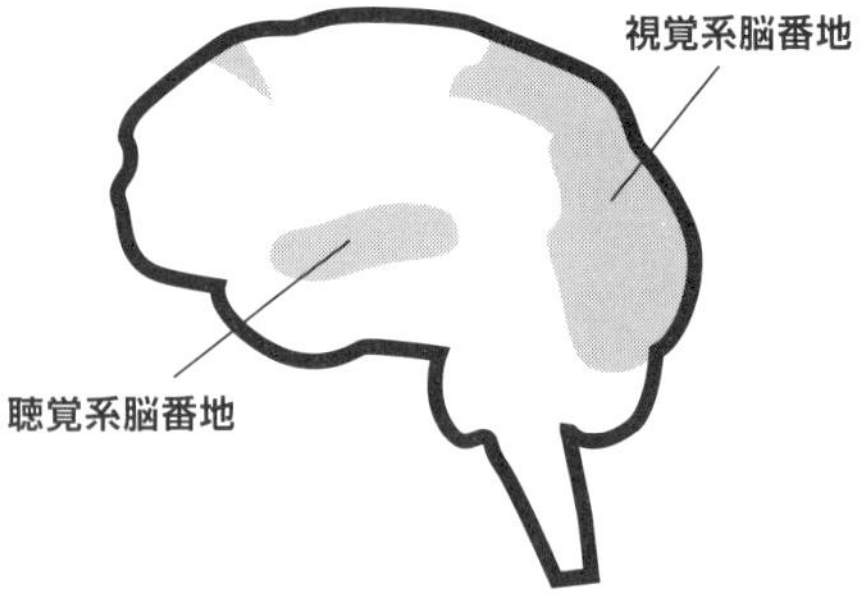

視覚系脳番地、聴覚系脳番地のほか、五感によって得られる感覚全般が鍛えられる。

人の感覚には、視覚、聴覚、嗅覚《きゅうかく》、味覚、触覚の「五感」があります。このうち「視覚系」と「聴覚系」は注目されがちですが、脳にはもちろん、他の3つの感覚をコントロールする場所も存在します。

たとえば、嗅覚を司る番地は海馬の外側（嗅条《きゅうじょう》）に位置しています。

また、味覚を司る番地は、舌を動かす番地の後ろ（頭頂弁蓋部《とうちょうべんがいぶ》）にあります。

触覚を司る番地があるのは頭頂部（中心後《ちゅうしんこう》回《かい》）です。

人間は本来、自然の中で、この5つの感覚

を鋭く研ぎ澄ませて生きてきましたが、現代人の生活では、これらの感覚の〝センサー〟が鈍くなってきているようです。
たとえば、健全な食欲は栄養バランスのとれた食事によって生まれるものですが、空腹を満たすだけの食事を続けていれば、自分は本当に食べたいのか、あるいは何を食べたいのかが、わからなくなってしまうのではないでしょうか。
その結果、「食べなきゃいけない」「食べておいたほうがいい」という発想になって、「食べたい」という強い欲求が生まれません。
そうならないために、このトレーニングで日頃から感覚をみがいておきましょう。

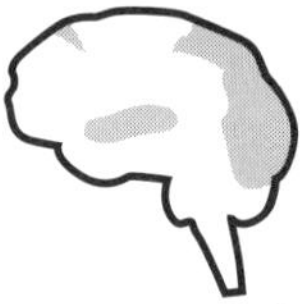

17 五感欲求表をつくる

人間には、「五感」にもとづく欲求があります。

五感とは、冒頭でも書いたように、次の5つの感覚のことです。

- 見たい（視覚）
- 聞きたい（聴覚）
- 嗅《か》ぎたい（嗅覚）
- 食べたい（味覚）
- さわりたい（触覚）

これらの欲求は、どんな人も等しく持っているものですが、そこには個人差があります。

それは、人によって脳番地の使い方がまったく違うためです。

使う番地は成長し、逆に使われない番地は休眠状態になることから、その人がどの番地をよく使っているか（あまり使っていないか）で、欲求の現れ方が違ってくるのです。

ある人は、聴覚系脳番地が発達しているので「聞きたい」と思う。

五感欲求表

何が見たい？ ➡	
何が聴きたい ➡	
何が食べたい ➡	
何を嗅ぎたい ➡	
何に触れたい？ ➡	

ところが、別の人は視覚系脳番地をよく使っているので「見たい」と思う。

つまり、人の欲求は、その人がよく使っている脳番地から生まれやすくなるのです。

ただ、このことは、見方を変えれば脳が自動化の罠に陥っているとも考えられます。

実際には、多様な欲求が生まれてもおかしくないのに、特定の脳番地で物事を処理するクセがついているため、似たような欲求しか生まれない。

これでは脳を活性化することはできません。そこで、ある欲求が生まれたら、上の表を参考にして、他の感覚に関する欲求がないか、自分自身と対話してみましょう。

このトレーニングは、まだ開発されていない脳番地の声を聞く作業でもあるのです。

18 旅先で市場をのぞく

旅行に行くと、何を見てもワクワクします。

世界遺産のような、歴史のある建物やスケールの大きな自然を見れば、実物でしか味わえない感動が得られますし、有名なスポットに行かなくても、見知らぬ土地の言葉や風景は、私たちに新鮮な発見を与えてくれます。

その意味で、脳にとっては、旅そのものが「脱・自動化」をうながす行為だと言えるでしょう。

旅先では何を見ても刺激的なのですが、もっと脳を活性化させるために、私は必ず現地の「市場」に出かけるようにしています。

学会や研究活動に参加するために、海外に行く機会がよくありますが、アメリカでも、デンマークでも、スペインでも、イタリアでも、私は滞在先の市場に通いました。

外国の市場では、見たことのない魚や野菜が、日本とは違った方法で陳列されていて、それを見るだけでもワクワクします。

さらに、物珍しそうに見ていると、大抵お店の人のほうから声をかけてくれます。そして、売り物を適当にバラしたものを気さくにすすめてくれるのです。

言葉はわからなくても、それが「食べてみろ」という意味であることは、何となく理解できます。

食べたものがおいしければ、「もっとほしい」という欲求が生まれるでしょう。

このように、市場は刺激に満ちあふれています。

ブラブラ歩けば、それだけで視覚系脳番地、聴覚系脳番地、理解系脳番地、感情系脳番地など、脳のさまざまな部分が激しく揺さぶられることになるでしょう。

19 久しぶりに会う友人と遠足に行く

長く会っていなかった、小・中・高校の同窓生と会うことも脳に大きな刺激を与えます。何度か書いていますが、私は14歳のときに、「脳を鍛える方法を見つけよう」と思い立ちました。そして、高校に進学してからは、好きだったスポーツもやめて、医学部受験に打ち込んだのでした。

でも、それは大きな「代償」を払うことでもありました。受験勉強を優先するなら、友だちとのつきあいをやめ、恋愛も我慢しなければいけません。結局、私の高校生活は「青春」という言葉とはほど遠い、ダークなものになってしまったのです。

だから私は、30年以上、高校の同窓会には出席しませんでした。行ったところで、友人と楽しく語れるような思い出など、何ひとつないとわかっていたからです。

ところが、あるとき、こんなふうに考えるようになりました。

「消したい過去の記憶を、現在の行動によって変えられないだろうか」

もちろん、思い出を修正することなどできません。でも、同窓会に出席することによって、新しい記憶をつくることもできるのではないか——。

そう考えて、思い切って同窓会に参加してみたのです。

結果は……大変な衝撃でした。

私を駅のホームまで出迎えに来てくれた女性に、いきなり後ろから「加藤くん！」と呼ばれた瞬間、記憶が30年以上前に引き戻され、「ああ、昔、聞いた声だ！」と、ちょっとした混乱を覚えたのです。

過去の旧友の記憶と、今の彼・彼女の姿と、どちらが本物なのか。

これは、理解系脳番地と記憶系脳番地が激しく揺さぶられた結果でしょう。

そこに「驚き」が加われば、感情系脳番地も刺激を受けることになります。

同窓生との再会は、ブランクが長ければ長いほど、このように脳を強く揺さぶります。

ただし、注意したいポイントがひとつ。同窓会に出ても、思い出話をするだけでは意味がありません。なぜなら、それは単に過去の記憶をなぞる作業でしかないからです。

もっと脳を刺激したいなら、旧友と新しい経験をすることです。遠足や工場見学（社会科見学のように……）、あるいは一緒にスポーツをしてもいいでしょう。

古い記憶に新しい記憶を重ねていくことが、さらに脳をみがくことにつながるのです。

20 四季折々の食材を味わう

日本には豊かな四季があります。

季節の移ろいを肌で感じることは、脳への直接的な刺激になります。ですから、脳にとって、日本は非常に恵まれた環境だと言えるかもしれません。

環境の変化に敏感になることは、何よりの「脱・自動化」になります。

ところが、現代人、とくに都会人は、自然に触れる機会が減っているためか、季節の変化に鈍くなっているようです。

その点、「食事」は季節感を体に感じさせる、最適な方法でしょう。

「そう言われても、私は味オンチだし……」と言う人がいるかもしれませんが、このトレーニングは、味の違いがわかるかどうかは、あまり問題ではありません。

普段食材に関心がない人でも、〝旬のもの〟が使われていれば、自然と意識が変わるものです。色、ツヤ、香りを吟味しながら、じっくり味わって食べるのではないでしょうか。

このように、感覚を研ぎ澄ませることが、脳の活性化につながるのです。

旬の食材

1月	せり	ぽんかん	きんかん	あんこう
2月	菜の花	いよかん	サザエ	鯛
3月	アスパラガス	タケノコ	アサリ	さわら
4月	青ねぎ	たらの芽	レタス	グレープフルーツ
5月	そら豆	とうもろこし	あじ	パイナップル
6月	枝豆	オクラ	トマト	鮎
7月	セロリ	なす	ぶどう	するめいか
8月	れんこん	サツマイモ	あわび	太刀魚
9月	栗	舞茸	かつお	鮭
10月	えのき	キャベツ	白菜	柿
11月	カリフラワー	ほうれん草	山芋	甘エビ
12月	水菜	イチゴ	ぶり	たら

21 朝2時間早く家を出る

朝、いつもより2時間早く起きて通勤・通学する。

宵《よい》っ張りの人にとっては少々苦痛かもしれませんが、こんな簡単なことでも、脳に刺激を与えることができます。

私は、10年くらい、7時半に起きて8時過ぎに家を出る生活を続けてきました。

いつも始業ギリギリに職場に着くと、もう何人かのスタッフが仕事の準備をしています。

あるとき、ふと、こんなふうに思いました。

「早く出勤しているスタッフは、自分がいない間、どんなことをしているんだろう？」

ちゃんと仕事をしているか確かめたかったわけではなく、自分がいない時間にオフィスで何が起きているのか、単純に知りたいと思ったのです。

そこで、一番早く出てくる事務スタッフに合わせて家を出てみることにしました。

いつもより、2時間早い出勤です。

その結果、睡眠不足にはなりましたが、刺激的な経験をすることができました。

まず、時間が早いと、空の色や肌に触れる空気がいつもと違うことに気づきます。駅に向かう途中でも、早朝便でコンビニに商品を運んできたトラックや、庭先で体操をしているお年寄りなど、普段見かけない光景をいくつも目にすることができました。

また、いつもと違う混み具合の電車に乗るのも何だか妙な気分でした。

時間に余裕がありますから、「ちょっとカフェに寄って、朝食をとってみようか」「公園に咲いている花を観察してみようか」という案も浮かびます。

これは、いつもと同じ時間に家を出ていれば起きなかった欲求でしょう。

このように、出勤時間を早めるだけで、まったく違った朝を経験することになります。日常を少しだけ変えて非日常を経験する。

これこそ、思考の慣れを見直す「脱・自動化」なのです。

このトレーニングで刺激されるのは、視覚系、理解系、思考系、感情系など、複数の脳番地です。いつもの通勤時間帯には目にしない光景を見れば、ジッと見て（視覚系）、何をしているのか考える（理解系）でしょうし、それが驚きを伴う発見であれば、感情系脳番地を活性化することにつながるのです。

皆さんも、明日はちょっと早く家を出てみませんか？

22 お米をよく味わって食べる

アメリカの大学で研究を始めてしばらくした頃でした。

そろそろパンやパスタより白米が食べたいと思って、大学近くの中華料理店に入ったのですが、そのとき食べたご飯の味が、今でも忘れられません。

日本で食べていたものとは、似ても似つかぬ黒ずんだ米。

口に含むのですが、ご飯の匂いが全然しないのです。

味もいつも食べているものとはまったく違う奇妙なもので、私の脳は、瞬時にこう判断したのでした。

「これは、ご飯ではない！」と。

ちょっと極端な例かもしれませんが、こうした経験でもしなければ、普段、ご飯（お米）をじっくり味わうことなどないのではないでしょうか。

一度、時間をかけて白米を味わってみてください。

炊きたてでアツアツのお米を口に含み、まるで初めて食べるもののように、口の中全体で味を「感じる」のです。

食べ物本来の味をかみしめて、そのおいしさをじっくり堪能すると、脳の多くの部分が刺激されます。

まずは、味覚。

味覚を感じる脳番地は、運動系脳番地の「舌運動」に関わる場所のすぐ後ろにあります。大きさは、直径1センチほど。この場所で、酸味、塩味、甘味、苦味、旨味という5つの基本の味を感じます。

また、特別おいしいお米を食べると、味覚を感じる脳番地の後ろにある理解系脳番地や感情系脳番地（ありがたい気持ちになる）にまで刺激が広がります。「おいしい」という実感は、「幸福感（感動）」に形を変えて、脳に良い影響を与えるのです。

さらに、人が何をどのように食べるかという食習慣は、長い時間をかけて確立されたものであり、それは子どもの頃から蓄積された「記憶」に他なりません。

ですから、私がアメリカの食事で感じたように、「いつも食べているものと違う」という違和感は、記憶系脳番地を動かすことにもなるのです。

23 ド派手なパンツをはく

中学時代、体を動かすことが好きで、毎日陸上の記録を伸ばすことに夢中になっていました。その甲斐あってか、先生に「スポーツ推薦で進学しないか」と言われたのですが、すでに脳に対する探究心が強くなっていたため、悩んだ挙句に医学部への進学を選択したという経緯があります。

スポーツをやめてしばらく経った、ある日のこと。私は驚きの体験をしました。

「うわッ、何だこれ……?」

それまでは、部活のときにサポーターをはく関係で、肌に密着するタイプの下着を身につけていたのですが、その必要がなくなってトランクスに切り替えたところ、何とも落ち着かないはき心地に、思わず声を上げてしまったのでした。

このように、身につけるものをガラッと変えることも、脳に対する刺激になります。

直接肌に触れるものですから、感覚の変化に身体が敏感に反応し、それが驚きとなって感情系脳番地を動かすのです。

「着るものを変えたって、別に何とも思わないよ」という人は、〝色〟を劇的に変えてみてください。

普段、モノトーンの服ばかり着ている人は、思い切って明るい色を身につけてみる。

逆に、原色系の色を好んで着る人は、落ち着いたシックな色を選んでみる。

見た目を大幅に変化させることに抵抗があるというなら、下着の色を変えてみてはどうでしょうか。それも、普段なら絶対にはかないような派手な色(たとえば蛍光色)をチョイスするのです。

〝見えない場所〟に対するこだわりは、単純に外見を変えるのとは違って、内面的な欲求が刺激されるという点で意味があるのです。

24 10分で朝シャンをする

「朝シャン」という言葉が流行語になったことがあります。

某化粧品メーカーが、朝、シャンプーをしてから通勤・通学することを推奨したもので、若い女性を中心に大流行しました。

まわりにさわやかさや清潔感を与える一方で、実は髪には良くないのだという意見もあり、ちょっとした社会現象になったことを覚えています。

髪への影響は専門外なのでよくわかりませんが、少なくとも「朝シャン」は、脳に良い影響を及ぼします。

まず、水を浴びたり、地肌を刺激したりすることで、それまで眠っていた感覚がハッキリしてきます。感覚が鋭くなると、その分、脳に情報が入りやすくなるのです。

それだけではありません。実は「朝シャン」は、やり方次第で、記憶系脳番地を活性化させることができるのです。

まず、髪を洗いながら、その日1日の予定を思い出して、何をしなければならないか、頭の中で確認しましょう。

スケジュールをチェックすることで記憶の整理ができます。

ただし、これだけでは不十分。

実は、ポイントは、もうひとつあります。

それは、5分、10分、15分というように〝時間〟を決めること。

朝は忙しいので、制限時間など決めなくても早く行動するでしょうが、重要なのは、漠然と急ぐのではなく、リミットを具体的に設定することです。

記憶を司っているのは脳内の海馬であることはすでに述べましたが、実は海馬の機能は、「時間」と関連付けられると高くなることがわかっています。

簡単に言えば、締め切りを意識している人ほど、記憶力が衰えにくいのです。

実際、「×時までに終わらせなければいけない」とデッドラインを決めると、その時間を絶えず思い出して、意識するでしょう。

これが、記憶力の低下に歯止めをかけるのです。

行動を起こす前には、ぜひ、制限時間を設定してみてください。

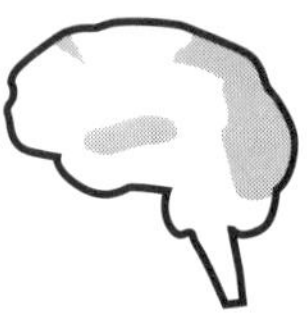

25 砂浜を裸足で歩く

新潟にある実家に帰ると、近所をぶらぶら散策することがあります。

そのときよくやるのが、無心になって砂浜を行ったり来たりすること。

それも、裸足になって砂の上を歩くのです。

波の動きに合わせて、ジグザグに歩く。

乾いた砂と濡れた砂とを交互に歩いてみる。

ときには、大股で走ってみる。

振り返って、自分が残した足跡を見ると、「生きている」という充実感が得られます。

もともとこの砂浜歩きは、ただ気持ち良くて始めたことでしたが、よくよく考えると、これは脳に大きな刺激を与える行為だとわかりました。

普段、私たちは靴を履いて歩いています。

ですから、地面に直接足の裏をつけることはありません。

しかし、裸足で砂浜を歩くと、足裏にいつも感じないような刺激が伝わり、これが、運

動系脳番地を活性化することになります。

それだけではありません。

波打ち際に近い場所を歩けば、踏み込んだ場所に水が入ってきますから、そこで冷たさや気持ち良さ、あるいは歩きづらさを感じることになります。

また、砂に足がズブッと沈むと、その足を抜くためにいつもより高く足を上げなければいけません。

これもまた、非日常的な運動経験として、脳を刺激することになるのです。

26 いつもと違うルートで通勤・通学する

習慣とは、毎日繰り返していること。

そう定義すると、通勤・通学も「習慣」だと言えるかもしれません。

普通は、職場や学校に一番早く着ける経路を通勤・通学ルートとして設定するでしょうが、あえて違うルートを使うと、脳に刺激を与えることができます（通勤・通学をしていない人は、毎日の散歩コースのルートを変えてみましょう）。

通勤・通学中は、よほど大きな変化がない限り、まわりの風景に注意を向けることはないでしょう。いつも見慣れている映像なので、脳も目にするものに大きな反応を示さないのです。

道順も体が覚えているので、いちいち迷ったりしません。

ですから、複雑なルートで地下鉄を乗り換えるという場合も、慣れてしまえばたいへんなことではないのです。

これこそ、まさにチャプター4で触れた「自動化」です。

しかし、いつもと違うルートを通ると、見るものすべてが新鮮に映ります。

駅構内の表示に注意するでしょうし、人の流れに戸惑うかもしれません。

この非日常的な感覚が、視覚系脳番地に刺激を与えるのです。

実はこのトレーニングには、もう少し深い意味があります。

不慣れな道で目的の場所を探すときには、「視覚記憶」が刺激されます。

視覚記憶とは目で見た光景や場所、道順を覚える脳の働きですが、これはこれから歩いて行く方向を見失わないために不可欠なもの。この視覚記憶を鍛えることは、認知症の予防につながるのです。

脳にまつわる数字

1.6倍

脳は大きな可能性を秘めています。

そのことを私に実感させてくれたのは、生まれたばかりの赤ちゃん（新生児）の脳でした。

ある新生児の脳を、生後１週間からMRIで観察したところ、興味深いことがわかりました。

生まれてすぐの頃は未発達だった脳は、４カ月後には、白質（神経線維が集まる部分）が縦横に伸び、驚異的な成長を遂げていたのです。

なかでも特徴的だったのは、聴覚系脳番地が目ざましく成長していたことです。

しかし、これは自然に伸びたわけではありません。母親が、言葉がまだわからない我が子に、毎日話しかけていたのです。豊富な音声情報の投げかけが、子どもの聴覚系脳番地に刺激を与え、短期間にその機能を発達させたのです。

これは、母性が子どもの成長を引き出した、貴重な事例と言えるかもしれません。

ちなみに、前出のデカバン教授らの調査では、新生児の脳は生後４カ月までに約1.6倍も重量を増やすことがわかっています。もちろん脳の成長は量だけではなく質も大事ですが、それだけ急速に成長するのが、新生児の脳なのです。

Chapter 8

感情系欲求育成トレーニング

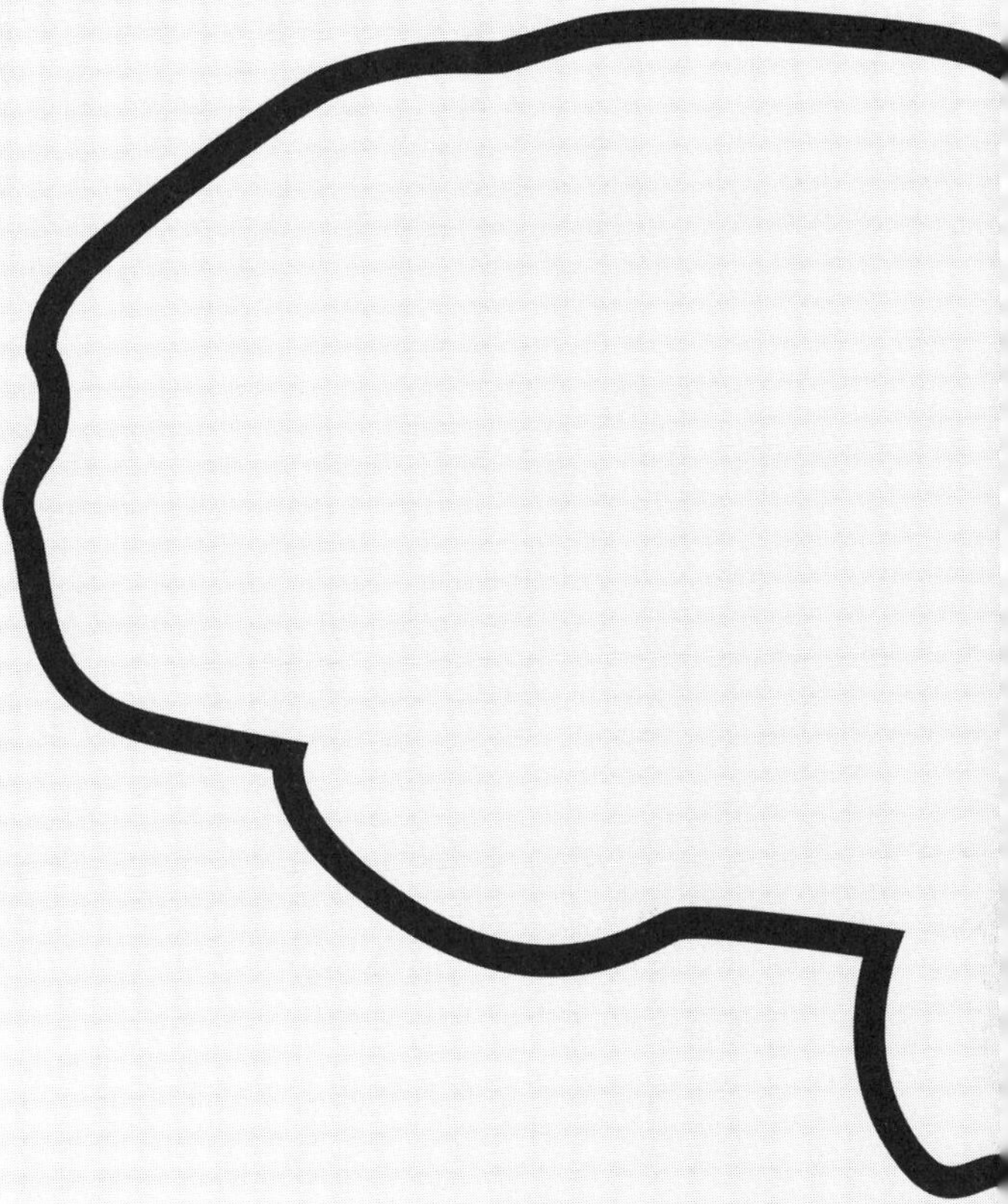

感情系欲求育成トレーニング

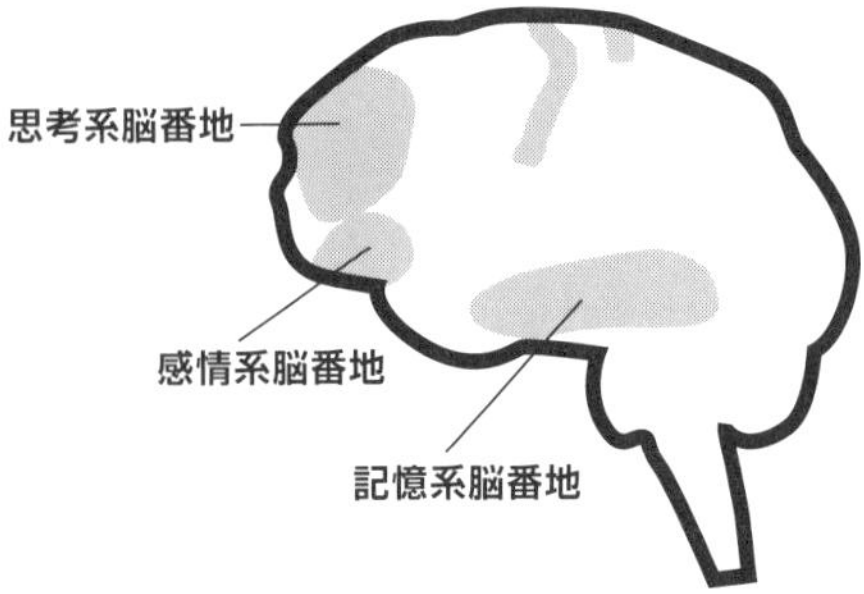

おもに感情系脳番地、思考系脳番地を刺激する。記憶系に影響を与えることもある。

ここからは、感情系の欲求を育てるトレーニングをご紹介します。

日常生活の中で刺激が少なくなるのは、同じことを繰り返しているために、何も変化が起きないからでしょう。

変化が起きなければ、どうしても感情は鈍くなります。そうなると、当然、新しい欲求も生まれません。

そこで、感情に揺さぶりをかけることで、欲求を生み出そうというのが、このトレーニングの狙いです。

このトレーニングでは、おもに感情系脳番

地と思考系脳番地に刺激が与えられます。

そして、もうひとつ、意外な場所が影響を受けます。

それは記憶系脳番地。

実は、感情も、多くの経験の積み重ねによって記憶される情報の一種なのです。ですから、感情が動けば、記憶系脳番地も影響を受けるというわけです。

ちなみに、思考系と感情系は「やかん」と「ガスバーナー」のような関係になっているので、眠っていた感情が目覚めると、思考系が刺激されます。その結果、やる気が引き出される、というしくみになっています。

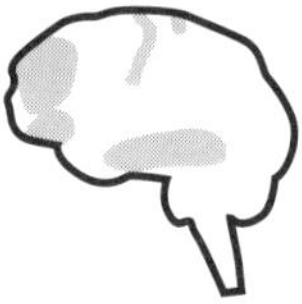

27 味覚狩りをする

秋のレジャーで老若男女に人気なのが、味覚狩りでしょう。

ぶどうやりんご、梨、みかんなどが定番ですが、松茸狩りやサツマイモ掘りも人気が高いようです。

私が子どもの頃に、身近だったのは〝くるみ〟でした。

実家の近くに新信濃川の河口があるのですが、そこに上流の長野県で自然落下したくるみの実がよく流れついていたのです。

大水が出ると、土砂とともに草木が河口とその近隣の海岸に大量に流れ着きます。その草木をかき分けて実を見つけると、なぜだか妙に楽しい気分になって、歓喜して拾い上げていました。

人間は、果物や野菜などが鮮やかに色づき、熟した様子を見ると、それだけで「喜び」を感じるものです。

その「喜び」は、成長を愛《め》でる喜びでもあり、豊かな味を想像しての喜びでもあります。

あるいは、自然の恵みを手にした瞬間、私たちの祖先が狩猟・採集生活をしていた頃の遠い記憶が、瞬時によみがえるのかもしれません。

果実・野菜を収穫するときには、視覚系脳番地を使って、色や形、大きさを観察します。そして、収穫の喜びによって、感情系脳番地が刺激を受けます。

この2つの脳番地が連動して動くので、味覚狩りは、脳に良い〝トレーニング〟になるのです。

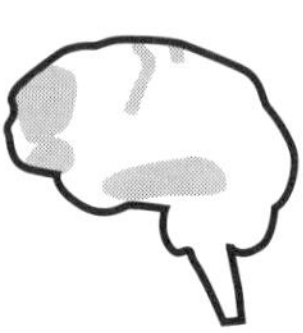

28 利き手でないほうの手で豆をつまむ

前作『脳の強化書』では、「利き手と反対の手で歯みがきをする」というトレーニングをご紹介して、たいへん好評でした。

このトレーニングは、その応用編。

子どもの頃、箸《はし》で豆をつまんで移動させる遊びをした人は多いでしょう。

私がやったのは、皿に小豆を１００個入れ、30秒間で何個移せるか、というものでした。

これを右手と左手、交互に行います。それぞれの手でできたら、今度は両手に箸を持って、右、左、右、左と交互につまんでいく。

この遊びは、一般的には「手先を器用に動かす訓練」ということになっていますが、実は脳にとっては〝別の意味〟を持っています。

２０１２年、オーストラリアのトーマス・デンソン博士らは、こんな実験を行いました。

複数の被験者に、実験の趣旨を説明しないで、不愉快な言葉をかけ続けます。

当然、どの被験者も反発するのですが、なかでもとりわけ怒りっぽく、発言者に復讐感情を募《つの》らせた被験者がいました。

そこで、この被験者に、利き手でないほうの手を使って生活してもらいました。

すると、2週間後に、攻撃的な感情が低下していたのです。

被験者の脳を細かく分析してみると、「前部帯状回《ぜんぶたいじょうかい》」の活動が活発になっていることがわかりました。

前部帯状回とは、大脳辺縁系（↓33ページ）の一部で、感情や理性の認知活動に関与している部位です。

これはどういうことでしょうか？

わかりやすく言えば、利き手でない手を積極的に使うと、感情（とくに怒り）をうまくコントロールできるようになるのです。

「感情系の欲求を育てる」とは、感情を好きなだけ爆発させていい、ということではありません。感情の上手な扱い方をマスターすることによって、初めて良い欲求を育てることができるのです。

29

ジャンルの違う映画を3本観る

私は映画を観るのが大好きです。「観たい」という欲求を存分に満たすために、映画館をハシゴして、1日に何本も立て続けに観たこともあります。

ところで、なぜ、人は映画が好きなのでしょう？

理由はさまざまでしょうが、少なくとも私の場合は、主人公に強く感情移入することで、物語の世界に没頭できるからです。

私のように作品の世界に入り込みやすい人に、おすすめのトレーニングがあります。

それは、感情に刺激を与える映画を複数観ること。

私は、あまり感情が動かなくなってきたなと思ったら、意識的にヒッチコックのサスペンスを観るようにしています。さすがに名作と言われるだけあって、ドキドキするシーンは、結末がわかっていてもドキドキするから不思議です。

また、作品の中に、イングリッド・バーグマンやグレース・ケリーなどの美女が登場すると、気持ちが一気に華やぐのがわかります。これも、感情に対する刺激なのでしょう。

このように、喜怒哀楽を1本の映画の中で体験することもできるでしょうが、異なる感情を刺激してくれる名作など、そう多くはありません。

ですから、自分が観たい映画が決まったら、それと一緒に、まったく別のジャンルの映画も選んでみてください。たとえば、コメディ（笑い）と、ドラマ（泣き）、ホラー（恐怖）といった感じでしょうか。

このように、2つ以上の異なるジャンルの映画を観ることで、感情系脳番地と視覚系脳番地が鍛えられます。

感情系脳番地の中には、扁桃体があります。

扁桃体はアーモンドくらいの大きさで、左右両方の脳にあり、喜び、悲しみ、怒り、恐怖に対する感受性を司っています。

ところが、その感じ方は左右によって異なります。私の研究では、左脳の扁桃体は自己の感情を、右脳の扁桃体は他人の心情に敏感に反応していることがわかりました。

ですから、ジェットコースターに乗っているかのように激しくストーリーが展開する映画は、扁桃体を鍛えるトレーニングにもなるのです。

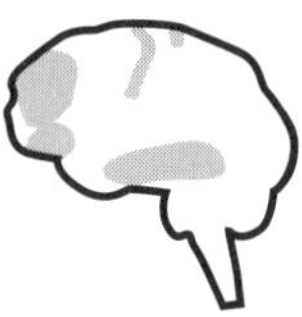

30 誰かに贈り物をする

以前、アメリカに住んでいたときに、驚いたことがあります。

クリスマスのプレゼントを贈るときに、買ったときの領収書を添付して渡すことが普通に行われていたからです。

アメリカでは、領収書さえあれば、商品を返却したり交換したりすることが、比較的簡単にできます。そのため、クリスマスの翌日は、プレゼントを持参した人たちで、お店が再び賑《にぎ》わいます。

それだけプレゼントという行為が特別なことではなく、文化として生活の中に組み込まれているのかもしれません。

確かに、プレゼントをもらえばうれしい気持ちになります。

「どんなものを選んでくれたのだろう」とワクワクしますし、それが思いがけないサプライズだったら、一気にテンションが上がるでしょう。

それを知ったとき、はたと気がつきました。誰かのためにプレゼントを選んで、それを

手渡すという行為は、脳を刺激することにつながるのではないかと。

プレゼントは、選ぶ段階で視覚系や伝達系など、さまざまな脳番地が刺激されますが、実は感情系脳番地にも影響を与えます。

「エッ!? 感情系脳番地が刺激されるのは〝受け取る側〟じゃないの?」

という指摘があるかもしれません。

確かにその通りなのですが、相手が喜ぶ姿を見れば、その表情や言葉から渡した側にも「満足」という感情が残ります。そして、その満足は「誰かを喜ばせたい」という欲求へと形を変えます。

人に何かを与えることで、自分にも感情の変化がもたらされるのです。

31 大きな木に抱きつく

大学時代、瞑想《めいそう》の方法を教えてもらったことがあります。いくつかの方法のうち、私が好んで実践していたのは月輪観《がちりんかん》と数息観《すうそくかん》というものでした。

月輪観とは、頭の中で〝満月〟をイメージし、呼吸に合わせて段々大きくしていくという瞑想法で、最終的に宇宙と一体化することを目的としています。

アメリカで研究していたときに、月輪観をしている私の脳の動きを調べてもらったことがあります。すると、目を閉じているのに、視覚系脳番地がハッキリ活動していることがわかりました。このことから、視覚系脳番地は、実際に「目で見て」いなくても動いていることがわかったのです。

一方、数息観は、気持ちを落ち着かせて1から10までゆっくり数えるというもの。

1分間で1から3まで数えるような速度を目指すと、次第に息が長くなって、1分間にカウントが1つになるレベルまで息が続くようになります。

数息観は、緊張しているときや怒りを感じたときに実践すると、気持ちがリセットされるので効果的です。

どちらの瞑想法もむずかしいものではありませんが、別の方法もあります。

それは、大きな木に抱きつくというもの。

木に密着して、その〝気持ち〟を想像するのは、瞑想と同じ効果があるのです。

もちろん、どんなに長く抱きついたところで、木が答えてくれるわけではありません。

しかし、木の温もりや香りから、その心のうちを想像することは、感情系脳番地や理解系脳番地に刺激を与えます。そして、それは、人の感情を理解したいという欲求に発展していくのです。

ちなみに、2014年にドイツで開かれた国際学会では、こんな研究結果が報告されました。

ある被験者に、およそ2カ月間瞑想をしてもらって、その脳を調べたところ、瞑想をしなかった人より海馬の体積が大きくなっていたというのです。

海馬は記憶を司る部位で、ストレスによって萎縮《いしゅく》してしまうという特徴があります。

瞑想は、深く呼吸をして思考をフラットにする行為ですから、海馬に良い影響を与えるでしょう。ですから、瞑想を習慣化すれば、記憶力の衰えを防止できるかもしれません。

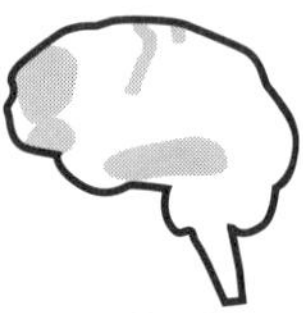

32
子どもの頃の思い出を絵に描いてみる

「子どもの頃の記憶で、鮮明に残っている光景は何ですか？」

そう言われて、皆さんはどんな絵が思い浮かぶでしょうか。

子ども時代の記憶を思い出すことは、感情にダイレクトに刺激を与えます。楽しかった経験を、もう一度なぞることになるからです。

私の忘れられない光景は、祖父と一緒に小舟に乗って、海で魚を追っているところです。祖父は船の舵《かじ》を握り、私は海を見渡しています。

遠い水平線の彼方では、真っ赤な夕日が佐渡島の方向に沈んでいく――。

7歳頃の記憶ですが、そんな光景が今でも鮮やかに思い出されます。

私は落ち着きのない少年でしたが、漁師の祖父と海に出ていると、なぜか冷静で穏やかな気持ちになれました。

脳内物質のセロトニンが欠乏すると、注意力や集中力がなくなっていきますが、祖父といた海は、セロトニン以上の安心感を私の脳に与えてくれたのでした。

このような、幼少時の特別な場面というのは、誰の記憶の中にもあるでしょう。

その光景を思い出して、絵に描いてみてください。

もちろん、うまく描く必要はありません。

重要なのは、記憶を具体化することだからです。

単純に「思い出す」だけでは、ぼんやりとした映像が脳裏に浮かぶだけでしょう。

ところが絵に描くとなると、記憶の奥底から細部を思い出さなければいけません。

その過程で、感情がより強くよみがえってくるのです。

できあがった絵を見ると、きっとしみじみとした幸せな気持ちになるでしょう。

なぜなら、視覚系→記憶系→感情系という順序で脳内の回路がつながるからです。

さらに、思い出がよみがえることで思考系脳番地が刺激され、もう一度楽しさを再現したい、実行したいという欲求が刺激されます。

このような理由から、幸福感を伴う懐かしさは、脳にやる気を与えてくれるのです。

33

[彼・夫／彼女・妻]のどこが好きかを考える

これは、どちらかというと男性に試してほしいトレーニングです。

男性が女性に聞かれて非常に困る質問に、「ねえ、私のどこが好き？」というものがあります。

ここで「うーん、そうだなぁ。まあ、しいて言えば全部……かな」と、あいまいな返事をすると、喜ばれるどころか、「私のこと、全然愛してくれてないのね!!」と怒られることもしばしばでしょう。

男性の名誉のために言っておくと、「愛していない」わけではなく、女性ほど細かい視点で相手をとらえていないだけ。妻や彼女の〝存在〟については、好ましく感じているのです。

ならば、そこでさらに踏み込んで、自分はパートナーの〝どこ〟が気に入っているのか、具体的に考えてみてください。

できれば、思いつくままに紙に書き出してみるといいでしょう。今、そういう相手がい

ないという人は、過去につきあった人や片想い中の相手でもいいと思います。

そもそも、「好き」というのは感情です。だから、好きな相手のことを考えているときは、感情系脳番地が刺激を受けます。

でも、これはまだ、「何となく好き」という状態。ここからさらに、「どこが好きなのか」を具体的に考えていくと、思考系脳番地や理解系脳番地が刺激されますし、相手をよく観察しようとすれば、視覚系の脳番地も鍛えられます。

長く一緒にいる夫婦やカップルこそ、「今さら」と言わずに、試してみるといいと思います。普段意識していなかった相手の良さを再認識できるかもしれません。

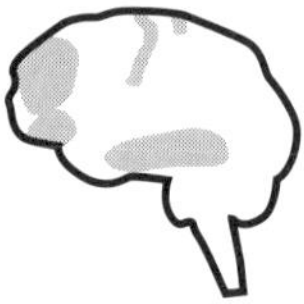

34 思いっきり大声を出す

子どもの頃、裏山に登って大声で叫ぶという遊び（?）をよくやっていました。声は「こだま」になって返ってきますが、方向によって反響の仕方が違うため、体の向きを変えながら何度も叫んだ記憶があります。

たまに、大声で「バカヤロー」と叫んでみるのですが、「あぁ、変なことを言ってしまった」と思いつつも、なぜか気持ちがスーッと楽になるのでした。

大声を出すという行為は、声帯や舌、横隔膜、腹筋、口輪筋を最大限に使います。

これらの動きは運動系脳番地に属しますが、普段話すときには、まったくと言っていいほど連動していません。したがって、運動系脳番地の中でも、ほとんど自動化されていない回路を刺激することになります。

また、大声を出すと、前述の運動系脳番地だけでなく、聴覚系脳番地も刺激されます。

だから、自分が発した声に自分自身が驚いてしまう。

つまり、運動系→聴覚系→感情系という回路を刺激するのです。

実際、大声を出すことで体中に入っていた力が抜けると、次に何をしようかという意欲がわいてくるから不思議です。

とはいえ、近くに「山」がある人ばかりではないでしょうから、大声を出せるような環境を見つけなければいけません。

大声が出せる場所と聞いて、真っ先に思いつくのはカラオケボックスでしょう。

ときには、上手に歌うことをやめて、叫ぶように歌ってみてください。

十分効果があるはずです。

あるいは、布団をかぶって絶叫してみるのもいいと思います。

ただし、音が漏れると家族が心配するでしょうから、くれぐれも防音対策は万全に。

脳にまつわる数字

2カ月後

脳の表面には多くのシワ（脳溝《のうこう》）があります。

このシワは、いつ、どのようにしてできるのでしょうか？

最初のシワができるのは、胎児がお母さんのお腹に宿って約２カ月後（胎齢８～10週）。

脳の真ん中に縦のシワができます（大脳縦裂）。

この最初のシワによって、脳は左脳と右脳に分けられます。

その後、約３カ月後に側頭葉（脳の側面）と前頭葉（脳の前部）を区別するシワができ、４カ月後には後頭葉（脳の後部）と頭頂葉（頭頂部）を分けるシワが生まれます。

脳の表面のシワは、このように順番にできていくので、子どもの脳のシワを数えると、約２週間の誤差で脳の発達段階を診断できるのです。

シワの数と形は左脳と右脳で違いますし、また、人によっても異なります。

「脳のシワが多い人は頭がいい」という俗説がありますが、これは間違い。シワの数は頭脳の明晰さとは関係ありません。頭の良し悪しは、生まれる２カ月ほど前から活発になる脳内ネットワークの発達度に大きく依存しているのです。

Chapter 9

右脳・左脳交流トレーニング

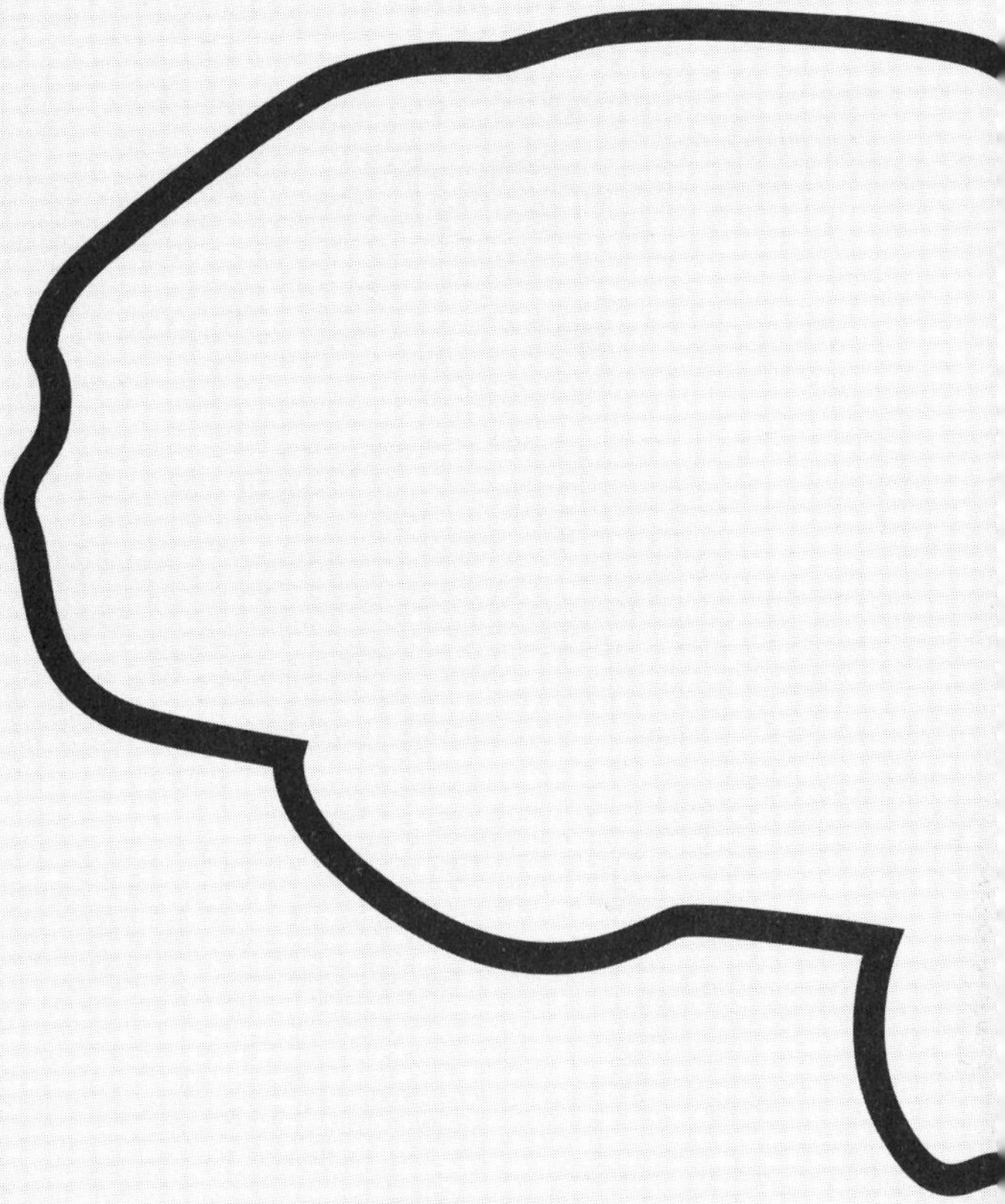

右脳・左脳交流トレーニング

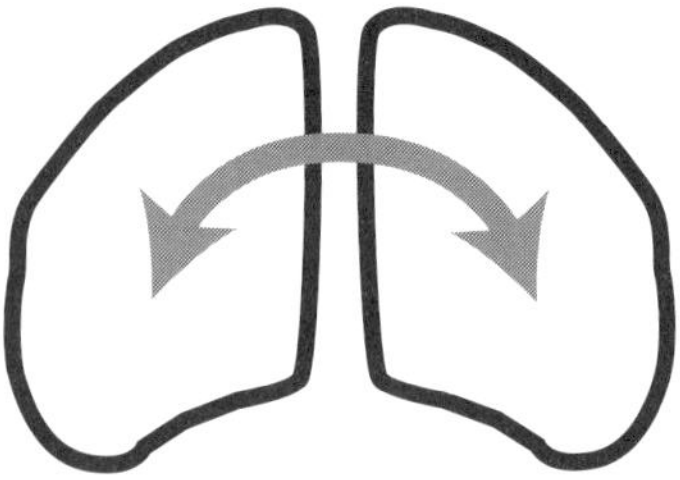

体の左右のバランスをとることで、
左脳、右脳それぞれに刺激を与え、
２つの脳の交流をうながす。

チャプター４でも触れましたが、脳には「脳梁」と呼ばれる部分があります。

脳梁は左脳と右脳をつなぐ場所にあり、情報の橋渡し的な役割をしています。

脳梁を鍛えて左右の脳の交流を活発にさせないと、脳の働きが限定的になってしまいます。それは思考パターンを硬直化させることになり、考え方の「慣れ」を生み出します。同じような思考からは、新しい欲求は生まれません。

そこで、ここでは右脳と左脳を交流させるトレーニングをご紹介します。

ポイントは2つ。

ひとつは、異なる刺激による左右からの同時刺激です。トレーニング*41*のように、言葉（左脳）と映像（右脳）を同時に入力すれば、左右それぞれの脳が刺激されます。

2つめのポイントは、バランス。

私たちは、日常生活の中で左右のバランスを意識する機会はあまりありません。

なぜなら、脳が体のバランスをとってくれているからです。

そこで、体の均衡を保つような運動をすると、左右から別々の刺激が脳に入ります。そうすることで、左→右、右→左の情報交流がうながされるのです。

35 丸めたマットの上を往復する

左脳と右脳の交流をうながすために、こんなトレーニングをしてみましょう。

まず、小さめのマットかカーペットを用意してください。

そして、これを海苔《のり》巻きをつくるときのように、ぐるぐる丸めます。

次に、この上に乗って手を伸ばしながら、行ったり来たりするのです。

あるいは、丸めたマットの上に仰向けになって、足を曲げながら手を広げ、バランスをとるという運動も効果的です。

こんなことが、本当に左脳と右脳の交流になるのでしょうか。

ご心配なく。ちゃんと、なるのです。

不安定なマットの上では、私たちは全神経を足先に集中させます。そして、左右の足でマットの感触を確かめながら、バランスを保とうとするでしょう。

このとき、左右それぞれの足が受け止めた刺激は、そのまま左右の脳に伝達されますが、その情報をうまく統合しようとする試みが脳梁を鍛えることになるのです。

このトレーニングで、体のバランスを保ってくれているのは「小脳」です。

小脳は、脳の後ろ、大脳と脳幹（↓41ページ）の間にぶら下がるように位置している部位ですが、「運動機能の調節」という重要な役割を果たしています。

私たちは、とくに意識することなく真っすぐに立つことができますが、これは小脳が前後左右のバランスを保っているからなのです。

なお、このトレーニングをするときには、転倒しても大丈夫なように、まわりのものを片付けてから行うようにしてください。

誰かにそばに付き添ってもらえば、より安全でしょう。

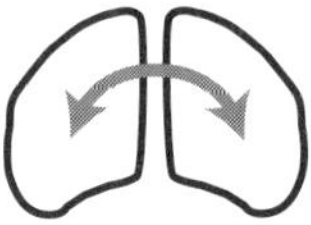

36 後ろ向きに歩く

三半規管に異常があるか、酔っ払ってでもいない限り、前を向いてまっすぐ歩くことは、むずかしいことではありません。

では、後ろ向きだったらどうでしょう？　まっすぐに歩ける自信がありますか？

一度やってみるとわかりますが、後ろ向きに歩くときには、いろいろと気を配らなければいけません。進む方向が見えないから不安だし、よろけないように必死になるでしょう。

だから、このトレーニングは脳に効果があるのです。

まず、２メートルくらいのひもを用意してください。それを床の上に真っすぐ伸ばし、ひもに沿うように、先端から先端まで後ろ向きに歩いてみましょう。

歩き方にはコツがあります。まず、右足のかかとに左足の親指を当て、次に左足のかかとに右足の親指を当てる。このように、足が一直線になるようにして、バランスに注意しながらまっすぐ後ずさりするのです。

バランスを重視するのは**35**のトレーニングと同じ理由です。つまり、体の傾きや方向を

調整しながら後退することで、右脳と左脳に別々の刺激を与えるのです。

このトレーニングには、他の効果もあります。私たちは、日頃、「前（先）に進む」ことを意識して生活しています。

それは、社会が立ち止まることや後退することを許さないからですが、このトレーニングの間は、少なくともそうした思考にはしばられません。

また、後ろ歩きでは、体が受ける感覚を常に意識することになりますが、このコントロールを行う番地は頭頂部にあります。頭頂部は脳梗塞になりやすい部分なので、後ろ向きに歩くトレーニングによって、そのリスクを低下することができるのです。

37

利き手と反対の手で体を洗う

チャプター8では、「利き手でないほうの手で豆をつまむ」というトレーニングを紹介しましたが、非利き手を使う動作は、右脳と左脳の交流をうながすトレーニングにも使えます。

お風呂で体を洗うときに、利き手と反対の手を使うのです。

たとえば、右手が利き手だという人が、左手で体を洗うとしましょう。

左手を使うと、いつもなら簡単に手が届くところにも、意識しないと手が回らなくなったり、逆に普段洗いづらい場所が楽に洗えるようになったりと、違和感を覚えながら体を洗うことになります。

重要なのは、この「違和感」です。

これは、学習が進んでいないため、体が動作をマスターできないために起きるもので、いわば脳から発せられた〝サイン〟のようなもの。

つまり、あなたの脳が、

「この動作は、まだまだ違和感があるレベルです」

と言っているのです。

また、利き手でないほうの手で洗おうとすると、人によっては戸惑うことがあるかもしれません。

利き手なら、「自動化」によって洗う順番が体にすり込まれているので、何も考えずに洗えるのですが、逆の手の場合は動作が体に教え込まれていないため、次にどこを洗うか迷ってしまうのです。

このように、利き手で確立していた手順を、逆の手で新たに組み立て直すことは、左右の脳に異なる刺激を与えることになります。

なお、このトレーニングの応用編には、利き手でないほうの手を使って、いつもと逆の順序で洗うというものがあります。

手と洗う順番、2つの要素を逆にすることで、動きがさらに複雑になるため、脳はさらに〝汗〟をかくことになるでしょう。

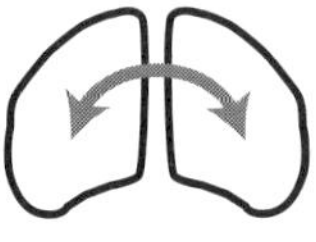

38 ガムをかみながら歩く

２０１３年に千葉県で開催されたウォーキングイベントで、あるユニークな調査が行われました。イベントの参加者にガムをかみながら歩いてもらい、終了後にその感想を尋ねたのです。

すると、回答した１００１人のうち、26・2％の人が「歩きやすかった」、29・3％の人が「リズムがとれた」と答え、さらに「頭がスッキリした（14・6％）」「体が楽に動いた（11・8％）」と回答した人もいました。（『千葉歯報』／千葉県歯科医師会発行／２０１４年１月号）

これは科学的にも裏付けが得られています。

弊社（脳の学校）が歯科医・荒井正明先生との共同研究を行った結果、右かみ・左かみに関係なく、かむ行動を司っているのは右脳が優位であること、そして、かむことが、手や足の動き以上に脳の活動を高めてくれることがわかったのです。

ガムをかみながら、手を振って歩く。

ただこれだけで、単純なウォーキングでは得られない効果があるのです。

では、ガムをかみながら歩くと、なぜ良い感覚が得られるのでしょう？

実は、答えはアンケート結果の「リズムがとれた」という回答に現れています。

私たちの体の中には「セントラル・パターン・ジェネレーター（CPG）」というものが組み込まれています。これは、「リズム発生器」のようなものだと考えてください。

実は、私たちの生活の中で、この「リズム発生器」が最大限に使われている動作が「歩行」と「咀嚼《そしゃく》」なのです。

歩いているとき、食べ物を口の中でかんでいるときに、ある一定のリズムが刻まれるのは、このセントラル・パターン・ジェネレーターが機能しているためです。

咀嚼の「リズム発生器」は、大脳のすぐ下にある脳幹にあり、歩行の「リズム発生器」は、腰骨の中の腰髄《ようずい》にあると言われています。

「イチ、ニ、イチ、ニ」と声を出して歩くとリズムがとれて歩きやすいように、かみながら歩くことで、体の中のさまざまな部分で生じるリズムが共振し、歩きやすくなるのでしょう。

左右の動作をもっとバランスよく行うために、ガムをかみながら歩いてみることをおすすめします。

39 ゆっくり自転車のペダルをこぐ

チャプター4でも触れましたが、自転車は、一度乗れるようになれば、後はとくに意識しなくても体が勝手に動いて前に進めるようになります。

ただし、コツをつかむまではたいへんです。自転車の乗り方を練習している子どもを見ていると、自転車にまたがりながらペダルをこぐという行為がなかなかできません。ペダルをこいで車輪を回す前に、左右どちらかに体が傾いて倒れてしまうのです。

原因は、バランスがとれていないからでしょう。

先に述べたように、左右のバランスをとっているのは小脳です。大脳の運動系脳番地と連携している小脳の鍛え方が不十分だと、大人でもまっすぐ歩くことができません。

そこで、自転車のペダルをゆっくりこぐというトレーニングをしてみましょう。

自転車に難なく乗れる人も、スピードを落とすと、バランスをとることに集中せざるを得なくなります。このバランスを調整する動作が、左右の異なる刺激を脳に送ることになり、右脳と左脳の交流をうながすのです。

?
ぬおおお〜
おお…

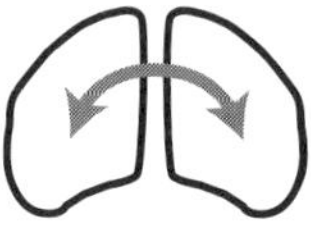

40 右腕と左腕を逆の方向に回す

高校の頃、体育の時間に、ちょっとした衝撃を受けたことがあります。
準備体操をしていたときのこと。
腕を片方ずつぐるぐる回していた私たちに対して、先生がこう言われたのです。
「はい、じゃあ、次は後ろに回してみて」
前に回す動作は楽にできるのですが、後ろに回す動きは簡単にはできません。
さらに先生は、私のほうを見てこんなふうに言われました。
「じゃあね、右腕は前、左腕は後ろに回してみようか。同時にね」
私は一瞬、動きを止めてしまいました。
（エッ？　逆の方向？　同時に？）
ところが、実際にやってみると、意外とできてしまうのです。
それは、ちょっとした驚きでした。
しかし、次の「今度はその逆方向でやってみて。右腕は後ろ、左腕は前！」という指示

に従ってやってみると、どちらの腕も、途中で同じ方向を向いてしまうのでした。

このように、それぞれ別の目的で左右の腕を動かすと、脳梁が活発に動きます。

もちろん、あまりに複雑な作業は無理ですが、左右の手を別々に動かすくらいの動きであれば、訓練次第でできるようになります。

ちなみに、脳梁は、左右の手を合わせるだけでも刺激されます。

拍手をしたり、神社仏閣で手を合わせたりするだけでも、私たちの脳梁は左右の手の感覚を受け取って、反応しているのです。

41

毎朝10分間お経を唱える

中学3年の冬、なぜか突然、お経を読んでみたくなりました。そこで、親戚のおじさんに頼んで、「般若心経《はんにゃしんぎょう》」を教えてもらいました。

なぜ、急に興味を持ったのかは、よく覚えていません。ただ、漢字の羅列（に見えた）に何か重大な意味があるのだろうと考え、とにかく暗記できるようになるまで、何度も何度も繰り返し唱えました。

この経験があったので、長男にも般若心経を音読させることにしました。

毎朝10分間、声に出しながら集中して読むのです。

この習慣は、長男が6歳のときからスタートして、6年以上続きました。

この音読が左脳と右脳の交流をうながすトレーニングだと言ったら、意外でしょうか。

文字を目で追いながら音読するのは、脳の機能的に、人と対話をするのと同じ意味を持っています。

音読という行為は、文章（筆者）の主張を、自分の中に（音声によって）取り込むということですから、対面で人の話を聞くのと同じ行為になるのです。

ですから、実際、音読をしている間は伝達系脳番地が働いています。目の前にあるのはただの紙であって、リアルな人間ではありませんが、「読む」という行為を通してコミュニケーションが成り立っているのです。

では、なぜ音読が左脳と右脳の交流につながるのでしょうか。

ポイントは「漢字」です。

ひらがなはアルファベットと同じ表音文字、つまり〝音〟を表しているにすぎません。

しかし、漢字には、文字そのものに意味があります。

ひらがなで「ぎょ」と書かれていても何のことかわかりませんが、漢字で「魚」と書かれていれば、その意味がすぐにわかるでしょう。

漢字を〝画像〟として認識するのは右脳です。それが発音されて〝音〟になると、耳から入ったその音は、左脳で言葉に変換されます。こうしたサイクルによって、右脳と左脳の交流が活発になるのです。

なお、「漢字」を読むことに意味があるので、音読の対象は、漢詩でもいいでしょう。そして、当然ですが、ひらがなを音読しても、右脳と左脳の交流にはあまり意味がありません。

皆さんも、毎日音読を続けて脳の機能を高めてください。

おわりに

欲求とは、つくづく不思議なものだと思います。

いくら脳の中を解剖しても、それはどこにもありません。

にもかかわらず、この「見えないもの」は、私たちの生活に大きな影響を与え、生き方そのものを左右するのです。

欲求がどんな形をしているのか、私たちは、本当にこの目で見ることができないのでしょうか……？


少し話は逸《そ》れますが、私がこの本で「欲求」のことを掘り下げてみたいと思ったきっかけは、「はじめに」で触れた祖父に加えて、もうひとりの人物が関係しています。

それは父です。

本文の中でも書いたように、男性はとかく年を重ねると欲求が欠乏しやすいのですが、父のテンションは、ずっと（少なくとも私が物心ついてから）変わっていません。

それどころか、その欲求は日々成長しているのではないかとさえ思います。

もうすぐ80歳になろうとする父は、60歳を過ぎてから町会議員に立候補したり、田んぼを購入して稲作を始めたりと、今も精力的に動き続けています。

先日久しぶりに帰ると、自宅の敷地につくられたレンガ塀を指さして、「あのレンガ、全部自分で積んだんだよ」と話してくれました。

また、別のときには「この間、近所の人に頼まれて、海岸の砂にタイヤが埋もれたトラクターを引き上げてきたんだ」と自慢気に言うのです。

知的欲求も旺盛で、新聞、雑誌を毎日熟読して、興味を持った人物のことを徹底的に調べます。また、医学に関する新聞記事を目にすると、私に連絡をしてきて、「この問題を知っているか?」「この脳の記事は本当なのか?」と聞いてくるのです。

「もう年なんだからそこまでしなくても」と心配そうに見守る周囲を尻目に、父の「〜したい」という欲求はまったく衰えません。「良いときに良い努力をする!」を口ぐせのように唱えて、忙しく動き回っているのです。

父のエネルギーがどこから来るのかはよくわかりませんが、いずれにせよ、いつまでも欲求を失わず、枯れることのない父の姿は、私に脳と欲求の関係を見つめ直すきっかけをくれたのでした。

卑近な例を出しましたが、父に限らず、年を重ねても元気な方は、たくさんいらっしゃいます。そういう方たちの脳を見ると、神経細胞・神経線維が、まるで元気な樹木の枝のように力強いネットワークを形成していて、MRI画像からでもその勢いを確認することができます。成長期の樹木が必死に枝を伸ばすように豊かに広がった〝枝ぶり〟は、とても力強く、たくましく、美しい姿をしています。

その様子を見て、私は思うのです。

「ああ、これこそが、欲求の形なのだ……」と。

前作と同様、この本でご紹介したトレーニングは「完成形」ではありません。それぞれのトレーニングに、皆さんが自己流のアレンジを加えることによって、初めて生きたものとなり、面白みが生まれるのです。

どうか、本書の内容をもとに、皆さんも新しいトレーニングをつくってみてください。

最後になりましたが、本書の原稿は、二度、三度書き直され、そのために編集作業にかなりの負担がかかりました。その労をいとわずご尽力くださった、あさ出版の木田秀和氏にこの場を借りて厚く感謝申し上げます。

著者

参考文献

Abe S, Takagi K, Yamamoto T, Okuhata Y, Kato T. Assessment of cortical gyrus and sulcus formation using MR images in normal fetuses. Prenat. Diagn. 23: 225-231, 2003

Chen W, Kato T, Zhu XH, Ogawa S, Tank DW, Ugurbil K. Human primary visual cortex and lateral geniculate nucleus activation during visual imagery. Neuroreport 9:3669-3674, 1998

Dekaban AS. Changes in brain weights during the span of human life: relation of brain weights to body heights and body weights. Ann. Neurol.4:345-356, 1978

Denson TF. Self-Control and Aggression. Current Directions in Psychological Science 21: 20-25, 2012

Kato T, Knopman D, Liu H. Dissociation of regional activation in mild AD during visual encoding. Neurology 57: 812-816, 2001

Luders E, Toga AW, Lepore N, Gaser C. The underlying anatomical correlates of long-term meditation: larger hippocampal and frontal volumes of gray matter. Neuroimage 45:672-678, 2009

Luders E, Toga AW, Thompson PM. Why size matters: differences in brain volume account for apparent sex differences in callosal anatomy: the sexual dimorphism of the corpus callosum. Neuroimage 84:820-824, 2014

Toga AW, Thompson PM. Mapping brain asymmetry. Nat. Rev. Neurosci. 4:37-48, 2003

『脳は自分で育てられる』加藤俊徳 著／光文社

『一番よくわかる！　脳のしくみ』加藤俊徳 監修／メイツ出版

『心理学の基礎』糸魚川直祐・春木豊 編／有斐閣

『旬を味わう 12 カ月』リンネル編集部 編／宝島社

著者紹介

加藤俊徳（かとう・としのり）

新潟県生まれ
医師、医学博士、株式会社「脳の学校」代表、加藤プラチナクリニック院長

14歳のときに、「脳を鍛える方法」を探そうと、医学部への進学を決意する。昭和大学大学院を卒業後、国立精神・神経センター（現・独立行政法人 国立精神・神経医療研究センター）、米国ミネソタ大学放射線科MR研究センター、慶應義塾大学、東京大学などで脳の研究に従事。
脳画像の鑑定では屈指の読影技術を持ち、これまでに、胎児から超高齢者まで1万人以上の脳を分析した。脳の活性化を計測するfNIRS原理の発見、発達障害に伴う海馬回旋遅滞の発見など、研究分野は多方面にわたる。
2006年、株式会社「脳の学校」を立ち上げ、企業の脳研究や人材育成事業をサポート。2013年、加藤プラチナクリニックを開設、MRI診断による脳の健康医療を実践。
著書に『アタマがみるみるシャープになる!! 脳の強化書』（あさ出版）、『脳を育てる親の話し方～その一言が、子どもの将来を左右する～』（共著、青春出版社）、『「認知症」は"脳"を鍛えてくいとめる！』（PHP研究所）などがある。

●脳の学校
TEL：03-3440-0248
HP ：http://www.nonogakko.com
Mail：info@katobrain.com

●加藤プラチナクリニック
TEL：03-5422-8565
HP ：http://www.nobanchi.com

取材協力／丘村奈央子

もっと 脳《のう》の強化書《きょうかしょ》2
アタマがどんどん元気《げんき》になる!!

〈検印省略〉

2015年 1 月 15 日 第 1 刷発行

著 者――加藤 俊徳（かとう・としのり）
発行者――佐藤 和夫

発行所――株式会社あさ出版
〒171-0022 東京都豊島区南池袋 2-9-9 第一池袋ホワイトビル 6F
電 話 03（3983）3225（販売）
03（3983）3227（編集）
F A X 03（3983）3226
U R L http://www.asa21.com/
E-mail info@asa21.com
振 替 00160-1-720619

印刷・製本 （株）ベルツ

乱丁本・落丁本はお取替え致します。

facebook http://www.facebook.com/asapublishing
twitter http://twitter.com/asapublishing

ISBN978-4-86063-683-8 C2034